JN246134

齋藤孝

すごいメタ思考

かんき出版

上司から**「もっと考えろ！」**とよく言われる

いつも仕事がギリギリで焦りがち

そもそも**コミュニケーションが苦手**

毎日気疲れして、**メンタルも不安定**……

いま、多くの人が、こんな悩みを抱えています。

じつは、そんな悩みを一挙に解決する

すごい考え方があります。

それが

「メタ思考」です。

メタ思考とは、

「一段上から客観的・俯瞰《ふかん》的に、
自分を見る考え方」

のこと。

メタ思考があれば、仕事やプライベートはもちろん、

人生すべてがうまくいく！

と言っても過言ではありません。

ただし、巷《ちまた》では「本当のメタ思考」が理解されていません。

それどころか、

「エセ・メタ思考」が増えています。

これでは、悩みが解決するどころか、
逆に増えてしまうことだってあるのです。

本書では、これまでの思考術の本とは一味違った、

あなたの人生をガラリと変える

「本当のメタ思考」

について、お話ししたいと思います。

では早速、「本当のメタ思考」の世界へと、
みなさんをご案内しましょう。

はじめに――「本当のメタ思考」の話をしよう

近年、ビジネスをはじめとするさまざまなシーンで「ある言葉」をよく耳にするようになりました。

それが本書のテーマである**「メタ認知」「メタ思考」**です。

「メタ」はギリシア語の「ｍｅｔａ」に由来し、「超える」を意味する言葉です。

メタ認知は「認知を超える」、つまり、**物事を従来の視点より一段上から、視野を広げて眺め、認識すること**を意味します。

メタ思考は、その**メタ認知をもとに、自分の置かれた状況を察知し、どう行動するかを考えること**を意味する言葉です。

メタ認知という概念が登場したのは、もう半世紀も前、１９７０年代ですが、ここへきて「ちょっとしたブーム」になった感があります。

実際に「メタ認知」は、2020年にスタートした新しい小学校学習指導要領でも、「学びに向かう力、人間性等」を育てるポイントの1つにあげられています。

これほどに**メタ思考は、現代を生きるうえで重要な資質として、注目されるようになりました。**

ただ、言葉として「メタ、メタ」と気軽に使われているわりには、人々の理解がそこまで追いついていないような気がします。

そもそも、

「メタ思考って何ですか？」

この質問に、的確に答えられる人がどれだけいるでしょう。

おそらく多くの人が「ぼんやり」とわかっている程度か、「何となく」わかった気になっているだけではないでしょうか。

本を読んだり、セミナーで聞いたりして知ってはいるけれど、「説明が小難しくて、頭に入ってこない」「実際、メタ思考って具体的にどう考えることなの？」とモヤモヤしている方も、少なからずいると思います。

さらに、最近は**「エセ・メタ思考」**とでも呼ぶべき考え方も見受けられます。

これは、一見もっともらしい説明に見えるのですが、実際にはメタ思考の本質から大きく外れたもの。むしろ、悪影響を及ぼす可能性さえある考え方です。

ですから本書では、私がこれまでの経験から学んだ**「本当のメタ思考」**について、みなさんにお伝えしたいと思います。

それは、仕事やプライベートはもちろん、人生さえもガラリと変える力を持つ「すごい考え方」です。

しかも、**ポイントは超シンプル。**

難しい話は1つもないことを保証します。

メタ思考は「行動とセットかどうか」が最重要ポイント

そこで最初に、一番大事な話をしたいと思います。

それは、メタ思考は**「考えているだけでは意味がない」**ということです。

どういうことか。

メタ思考の定義とは、物事を一段上から視野を広げて眺め、自分の置かれた状況を察知し、どう行動するかを考える、というものです。

いうなれば、飛行機に乗って上空から地上を見下ろすようなもの。

自分が飛行機を操縦しているとします。そうすると、地上で起きている事象が、より広い範囲で視界に入ってきますよね。

その分、現実の状況がどんなふうに変化しているのか、人々や物はどのように流れているのかなど、さまざまな動きが、手に取るようにわかります。

つまり高い視点・広い視野を持つことで、いまの状況を客観的に把握することができるのです。

……しかし、これで終わってしまってはダメなのです。

メタ思考で判断したことを「行動に移す」。

ここまでして初めて、メタ思考です。

つまり、**行動のともなわないメタ思考は、メタ思考とは言えないのです。**

乗客ではなく、パイロットの立場で、行動とメタ思考をセットにする。これがポイントです。

行動に責任を持つ。「当事者」となる。

そうすることで、主観だけに頼らず客観的に、自分は今後どうあるべきか、どうするべきかを考え、ベストな判断の下に行動することが可能になります。

それが、現代人の多くが目指すべき「メタ思考のできる人」です。

しかし、行動を欠いたメタ思考＝「エセ・メタ思考」が、現代ではとても多い。
それではいけません。「当事者意識」が必要です。
メタ思考のポイントを、わかりやすく整理するなら、

1. 物事を俯瞰して状況を理解したうえで、自分はこうすると判断する
2. 判断したことを行動に落としこむ

この2ステップで理解するといいでしょう。

これ以上の詳しい話は第1章で話しますが、まずは**「メタ思考は、行動とセットでないと意味がない！」**と覚えてください。
でないと、せっかく身につけたメタ思考が「絵に描いた餅」に終わってしまいます。

メタ思考の2ステップ

1. 物事を俯瞰して状況を理解したうえで、自分はこうすると判断する

2. 判断したことを行動に落としこむ

「本当のメタ思考」を身につければ、仕事も人生も好転する

ここまででもう気づいている人もいるでしょう。

本書は巷にあふれる〝思考術の本〟とは一線を画する内容です。

もっとも特徴的なのは、**私自身が長年「メタ思考の実践者」として行動してきた、その経験から説き起こした本である**ことです。

正直に言うと、自分がメタ思考をしているという自覚はありませんでした。

昨今の〝メタ思考ブーム〟を見て、「これって、自分がずっとやってきたことだ」と気づいたのです。

何をやるときでも、「まず全体の状況を見て、本質を見極め、最善のやり方を選ぶ」ことが、いわば「思考の習慣」として身についていたわけです。

しかも「このやり方でうまくいかなければ、次はこのやり方」というふうに、常に頭のなかに複数の選択肢を置いているので、行動に行き詰まることもありませんでした。

おかげで効率よく、スピーディに仕事に取り組み、成果を出すことができました。

繰り返しになりますが、本書は「読んで終わり」の本ではありません。

仕事や人間関係、日常生活に役立つ、「本当のメタ思考」が身につく本です。

メタ思考の意味や重要性が理解できることはもちろん、どう行動に結びつければいいかもよくわかります。

本書を読めば、必ずやみなさんの仕事やプライベート、人生がすばらしい方向に変わること、間違いありません。

早速、「本当のメタ思考」について、お話ししていきましょう。

目次　すごいメタ思考

第1章

9割の人が間違えている「メタ思考」の本質

第2章

「本当のメタ思考」を身につける方法

第3章

メタ思考で仕事はこう変わる！

第4章 メタ思考で人間関係はこう変わる！

第5章

メタ思考でメンタルはこう変わる！

ブックデザイン――小口翔平＋村上佑佳（tobufune）
編集協力――千葉潤子
イラスト――六川智博
組版・図版作成――エヴリ・シンク

第1章

9割の人が間違えている「メタ思考」の本質

いま、メタ思考が重要視される3つの理由

本章では、私の考える「本当のメタ思考」がどういうものかについて、お話ししていきたいと思います。

その前に少し、「はじめに」で触れた現在の「メタ思考ブーム」の背景にはどんな「時代の流れ」があるのかについて、お話ししておきましょう。

大きな理由は3つあります。

1 「変化に応じた迅速な行動」が求められるようになった

とある昔、たとえば世が江戸時代のころ、多くの人々は農業に従事していました。

米づくりなら、春が来るころに種まき・苗づくりをし、初夏に田植え、秋に稲刈りと、ほぼ毎年、同じ作業が繰り返されます。

だから当時は、目の前のやるべきことをやるのみ。

あるいは職人なら、親方や先輩のやっていることを踏襲していけば、一通りの仕事ができるようになる、という時代でした。

もちろん、そのなかには旧来の考え方・やり方をよしとせず、独自の世界を切り開いていく革新的な人物はいました。

彼らは「メタ思考」的な素養があった人たちですが、きわめて少数派。非常に才能のある特異な存在でした。

翻って現代は、変化が速く、大きい時代です。昔と同じように考え、行動していては、変化の波に呑《の》みこまれてしまいます。

だから**変化を捉えて迅速に行動するためにメタ思考が重視されるようになった**のです。

自分はいま、目まぐるしく変化する社会のなかでどういう状況に置かれているかを的確に把握し、今後どうすればいいか、しっかりビジョンを立て、次の一歩を踏み出す。そういうメタ思考に基づく行動ができないと、もはややっていけない、ということです。

2 人間関係が「とても繊細なもの」になった

さらに昭和が終わり平成から令和へ。

時代が進み、社会が成熟度を増すにつれて、人々の意識が洗練されていきました。振り返れば昭和という時代は、社会も人々も自分本位に、アクセルを踏み続けていたようなもの。非常に「雑」な社会でした。

言動1つとってもそう。頭に浮かんだことをすぐに口にし、やりたいようにやる。周囲がそれをどう感じようとお構いなし、という感じが強かったように思います。

一方、現代は、法律が「すべての国民が相互に人格と個性を尊重し合いながら共生する社会の実現」を謳《うた》っているように、私たち1人ひとりが、**「人を傷つけない」ことに特段の注意を払わなくてはいけない時代になりました。**

とくに人間関係においては、互いの距離感を繊細のうえにも繊細につかんで行動する必要があります。

自分ではふつうに接したつもりでも、ハラスメントと指摘される場合だってあります。だから、メタ思考の重要性が高まっているのです。

自分の言動によって人がイヤな思いをするのではないか、傷つくのではないか、といったことを感じ取ることは、メタ思考なくしてできないことですからね。

3 SNSが爆発的に普及した

加えて「SNS時代」に突入した現代は、常に**「自己チェック機能」**を働かせることが、ますます重要になっています。

たとえば、ちょっとうかつな発言をしてしまうと、すぐに「はい、アウト」とレッドカードを出されます。

それどころか、一切の悪気なくつぶやいた一言でも、強烈なバッシングを受けて、社会的生命を抹殺されるような恐怖を感じるくらい、痛めつけられることすらあります。

そうならないためには、日常の会話やメールのやりとりでもそうですが、とくにSNSに投稿するときは、頭に浮かんだことを思いつくままにつらつらと書いてはダメ。ワンクッション置いてメタ思考を働かせて、「不快に思われる可能性はないか」「傷つく人はいないか」をチェックしなくてはいけません。後になって「冗談だよ」なんて言い訳したって、ネットに流したら最後、もう取り返しがつかないのです。

SNS時代の言動で一番重要なのは「自己チェック機能」を持つこと。

そのために、メタ思考の重要性がますます高まっているのです。

そもそも「考える」とはどういうことか？

さて、ここからは私の考える「本当のメタ思考」の解説に入っていきます。最初にみなさんに質問があります。それは、

「考える」とは、いったいどういうことでしょうか？

私たちは気軽に「考える」と口にしますが、この言葉はなかなかの曲者《くせもの》です。たとえば、次の2つの文を読んでみてください。

「何となくぼーっと物事について考える」
「さまざまな情報や知識を判断材料にして考える」

どちらも「考える」という一言で表現されていますが、ここには決定的なまでの「質の差」があるように見えます。

そう、私たちは**「考える」という言葉への解像度が低い**のです。

たとえば、ラーメンやカレーの「辛さ」という指標は、「1辛」とか「10辛」といった具合に、数値化して示しますよね。

あるいは、「人気」という指標も、「ランキング」をつくって物やブランドのグレードを決めたりしています。

なのに、どうして、もっとも身近な「考える」という行為の定義が、こんなにボヤッとしているのでしょうか。不思議な話です。

メタ思考の本質を知るためには、まず「考える」という行為を、より解像度を上げて捉えることが大切です。

「考えごと」は考えたことにならない

「考える」の解像度を上げて捉えるためには、何か「基準」が必要です。

では、何を基準にすればいいのでしょうか。


そのヒントになる、世界的な文学作品があります。

それは、ドストエフスキーの『罪と罰』です。

次のやりとりは、インテリだけれど貧乏で働かない主人公のラスコーリニコフと、下宿の使用人の娘ナスターシャの会話です。


「(中略) この頃《ごろ》はどうして何もしないのさ?」

「しているよ……」としぶしぶ、ぶっきらぼうに、ラスコーリニコフは言った。

「何をしてるの?」

「しごとだよ……」

「どんなしごと？」
「考えごとさ」彼はちょっと間をおいて、まじめな顔で答えた。
（『罪と罰（上）』新潮文庫）

私は、ここで出てくる「考えごと」こそが、もっとも「考える」ことと区別するべき、いわばグレードの低い「考える」だと思います。

その理由は、**考えたことが現実と結びつかず、物事が前に進んでいないから**です。

ラスコーリニコフは働かず、日々長い時間を使って「考えごと」をしている、それは〝しごと〟だと主張しています。

しかし、それを傍から見ているナスターシャからは「何もしていない」と言われてしまいます。

それは結局、ラスコーリニコフの「考えごと」は現実を変えず、何も変化を起こしていない、ということです。

今風に言えば、**「生産性が低い」**ということになります。

長い時間をかけて考えているのに、いつまで経っても考えが定まらず、物事が前に進んでいないわけですから。


先ほどお話しした「考えることの解像度」を捉えるための基準がここにあります。

つまり、**より少ない時間で、物事をより前に進められるかどうか。**

これが、「考える」の質を見極めるための基準になります。

思考には「濃度」がある

私はこれを**「思考の濃度」**と呼んでいます。
つまり、世の中には**「思考の濃度が高い人、低い人」**がいるわけです。

たとえばミスが起きたとします。

思考の濃度の低い人は、「どうしよう、どうしよう」が頭のなかで渦巻くだけで、ほぼ思考停止状態になります。

これは「考えごと」であっても「考えている」ことにはなりません。

一方、思考の濃度の高い人は、瞬時に「なぜミスが起きたか」と原因を分析します。

そうして改善すべき点を洗い出し、迅速に修正していきます。

当然、スピーディに物事が進んでいくわけですから、これは立派な「思考」です。

これが「考えごとをする」と「考えること」の一番の違い。

「考える」とは、「物事を前に進めるという意思を持って、頭を高速回転させる行為」なのです。

野球をイメージすると、わかりやすいかもしれません。

バッターは、ピッチャーの投げた球が自分の前を通過するまでのコンマ数秒の間に、全神経を集中させて球種やコース、速度などを予測して、バットを振ります。

これはまさに「思考の濃度が高い」と言えます。

「この球をどう打つか」という行動とセットで、差し迫った思考が求められます。1球ごとに、状況判断をしながら、深い思考を繰り返すのです。

観客のようにふんわり見ることはありません。短い時間で自他の力量を測り、「思考の濃度」を高める、ということです。

だから私たちは、**何かを考えるときは、その思考の濃度を気にしたほうがいい。**短い時間で多くの意味のあることを考え、しかもその「思考」により判断したことを行動に移す。

そこを意識すれば、間違いなく「思考の成果」があがるはずです。

「考えごと」と「考える」と「メタ思考」の違い

ここまでで「考えごと」と「考える」の違いは、しっかりと理解できたと思います。

そして本書でテーマにしている「メタ思考」というのは、このさらに一段上に来るものです。

私が考えるメタ思考とは、「物事を前に進めている自分を俯瞰的に眺め、コントロールすること」を指します。

「メタ思考」は、「考える」と同じく物事が前に進むことに加えて、その状況を俯瞰的に眺めている状態です。

たとえるなら、物事を前に進めよう、進めようと高速で考えている自分を、一段上から俯瞰して見つめているイメージ。上方のコントロールセンターから、「考えながら」進んでいる自分を逐一コントロールするような感じです。

思考の濃度を高め、ガンガン進もうとしている自分に対して、もう1人の自分が「いまの右に寄りすぎだよ」とか「もう少し左寄り」などと、思考を超えたところからコントロールしようとする思考、それがメタ思考の的確なイメージだと思います。

この分類ができているだけで、周囲と一歩差がついたようなものです。

メタ思考はもちろんですが、まずは自分が「考えごと」でムダな時間を過ごしていないか、注意することが大切です。

「考えごと」と「考える」と「メタ思考」の違い

考えごと

堂々巡りをするばかりで、物事が前に進んでいない

考える（思考する）

物事を前に進めるという意思を持って、頭を高速回転させる

メタ思考

物事を前に進めている自分を俯瞰的に眺め、コントロールする

世にはびこる「エセ・メタ思考」の特徴

ここまで、「考えること」の定義を通じて、私が考えるメタ思考のイメージについて、お話ししてきました。

ですが、昨今のメタ思考ブームに乗じて、言い方は悪いのですが〝にせもの〟が横行し始めているように思います。

それはここまでに述べた、考えることの定義やメタ思考の本質を理解せず、それっぽく上っ面をなぞったような考え方です。

そういう勘違いを、私は**「エセ・メタ思考」**と呼んでいます。

しかし、これはある種、「メタ思考の落とし穴」と言っても過言ではない、誰でもうっかりしているとハマってしまうかもしれないものです。

「傍観者メタ思考」に陥るな！

まず一番多い「エセ・メタ思考」に陥った人のパターンとして、**メタ思考の過程で頭がぐちゃぐちゃして、いっこうに前に進めなくなる人**がいます。

たくさんの判断材料がありながら、どう行動するのがいいかをなかなか決断できない。決まりかけると「とはいえ、こうするべきかも……」と迷ったり、混乱して「ダメだ。もう一度、最初から整理し直そう」と振り出しに戻ったり。

つまり、物事を前に進めるための推進力が弱くなってしまうのです。

そもそも**メタ思考は、じっくり時間をかけて考えることとは対極の考え方です。**

最短距離、最短時間でベターと思われる行動を決断して、それを都度修正しながら進んでいく思考です。

だからむしろ、ある程度の時間が経ったら、物事を前に進めるため、行動してみるべきなのです。

物事を前に進めようとしないのは、先ほど見てきた「考えごと」になってしまうので、まったく意味がありません。

ベストを求めるあまり、あれこれ考えて時間を費やすだけでは、ただの「グズグズ思考」です。

また、より困ったパターンも存在します。
それがこれからお話しする**「傍観者メタ思考」**です。

メタな視点に立つことに慣れすぎると、悪い意味で「メタ慣れ」してしまいます。

そうすると、迷路に入らずに上から見ただけなのに、あたかも自力で迷路からスイスイ抜け出せたような勘違いをしてしまうことがあります。

こうなると、**自分ではメタ思考ができているつもりでも、発言がどこか薄っぺらくなっていきます。**そうして周囲からの信頼を失ってしまう人がいます。

具体的には「言葉の端々に上から目線的な思い上がりが見え隠れしていて、何かむかつく。現場のことを何も知らないくせに、偉そうだ」という印象を与えるのです。

言うなればそれは、傍観者になる、ということです。

当事者意識がないのに、すべてを知っているかのようにふるまう。

そんなふうに上から目線で、解説者気取りで発言すること、そんなエセ・メタ思考を私は**「傍観者メタ思考」**と呼んでいます。


ビジネスの世界で言うなら、経営コンサルタントのような職種はこの落とし穴にはまりやすいのではないでしょうか。

経営の現場に立つことなく、ただメタ思考をひけらかすようにアドバイスをしていると、「コンサル気取り」の汚名を着せられるだけでしょう。

経営コンサルタントを経てＤｅＮＡを立ち上げた南場《なんば》智子さんは、著書『不格好経営チームＤｅＮＡの挑戦』（日本経済新聞出版社）のなかで、「コンサルティングで身につけたスキルや癖は、事業リーダーとしては役に立たないどころか邪魔になることが多い」と語り、後のインタビューでもこう話しています。

「マッキンゼーで働いていたときの私と、今の私は〝別人〟なんですよ。（中略）なにが一番違うかというと、アドバイザーとリーダーという立場ですね。

アドバイザーというのはどんなときでも当事者ではないので、冷静に客観的にアドバイスができる。一方のリーダーは、客観的に物事を見ることができません。（中略）当事者になってみるとものすごく怖かったですし、ひとつひとつの出来事に対して、足が震えていたんですよ。

それまでの私はクライアントに偉そうなことを言ってきました。「こうするべき」「ああするべき」といった感じで。アドバイザーとリーダーというのは、立っている土俵が違うんですよね。なので、マッキンゼーで学んだことを、いま生かすことができないんですよ」

（南場智子さんが語る、マッキンゼーの経験が役に立たなかった理由〈ＩＴｍｅｄｉａビジネスオンライン〉）

いくらメタ思考ができても、当事者として実地にやってみなければ、わからないことはたくさんある、ということでしょう。

メタ思考は「当事者意識」のなかに宿る

どんな仕事でも、ある程度のプレイヤー経験を積むなかで、勉強したり、苦労したり、失敗したり、成功したりすることが大切です。

そうすると自然と**「当事者メタ思考」**と称すべきものが身につくのです。

とくに自分の経験したことのない分野なら、とりあえずチャレンジして、それまでの間違った思いこみにどんどん修正を加えていく。

それができて初めて「エセ・メタ思考」の「エセ」が取れ、本物のメタ思考が手に入るのです。

ちなみに、**自分が好きで得意な分野では、意外とメタ思考ができている**ものです。

たとえば推しのライブのチケットを取る、というようなときがそう。

それが「プラチナチケット」であれば、あらゆる方法を列挙して、確実に取れる方法を導き出すはずです。

確率的にどの席が取りやすいか、倍率が低いのはいつの公演か、ゴールドカードが有利か、ファンクラブに入会するべきか、使える裏技はあるか……。

ありったけの知恵を絞り出して「よし、これでいこう。これがダメな場合に備えて、この手も打っておこう」というふうに決める。

漫然と応募するのとは、まったく違うレベルの思考がそこに働いています。

あるいはゴルフが好きな人は、スイングを1打ごとにチェックする、というようなことをしますよね？

そのうえで反省・修正するべきところを、次からの1打に生かしているはずです。

それはとりもなおさずフィードバック機能を働かせることですから、メタ思考ができている、ということになります。

みなさんも自分が好きで得意な分野で、こうしたメタ思考を発揮できたときは、自分に対して「メタ思考認定」のハンコを押してあげましょう。

そうすると、自己肯定感と〝メタ思考度〟の両方が上がっていきます。

本当のメタ思考を体現している「ある作品」

ここまでで、本当のメタ思考がどういうものか、だいぶわかってきたかと思います。

最近、私が「ああ、これこそがメタ思考だ」と思わず膝を打った、とてもいいテキストがあるのでご紹介したいと思います。

それはズバリ、**『ブルーロック』**というサッカー漫画です（原作・金城宗幸《かねしろむねゆき》、漫画・ノ村優介《のむらゆうすけ》）。

2018年から「週刊少年マガジン」（講談社）で連載されていて、テレビアニメにもなったこの作品は、まさに**「メタ思考を追求した漫画」**です。

ブルーロック（青い監獄）とは、日本がW杯優勝を果たすために、日本フットボール連合が立ち上げたプロジェクト。

そのコーチを任された絵心甚八《えごじんぱち》が、世界一のストライカーを育てるための特殊トレーニングを展開します。

主人公の潔世一《いさぎよいち》は、絵心が「実力あり」と認め、全国から集めた300人の高校生FWの1人。代表入りできる選手がごくわずかであることは言うまでもありません。ほぼほぼデス・ゲームの世界です。

世一くんは決定的な能力のない選手で、いかにも勝ち目はなさそうに見えます。しかし、入寮テストに始まり、1次選考、2次選考と進むなかで、才能をどんどん開花させていくのです。

『ブルーロック』は「メタ思考を手に入れて戦う話」である

一番の見どころは、世一くんが「超越視界《メタ・ビジョン》」を修得するシーン（実際の漫画でも、「超越視界」に「メタ・ビジョン」とルビがふられています）。

まさにここまでお話ししてきたメタ思考のように、上空からピッチ全体を眺めているよ

うな広い視野を持ち、選手たちの動きやゲームの流れを読むことができるようになったのです。

つまりそれは、自分を含む選手たちの刻々の動きを把握したうえで、それに対応して自分がどう動くのがいいかを判断し、実行していく、ということです。

もっと言えば、自分だけではなく、ほかの選手の見えている世界をも自身の視界に組みこんで、いまの状況を総合的に判断することが求められるのです。そうすると、「あの選手はこう動くから、自分はあの辺りにパスをして、シュートのアシストをしよう」

というふうに、次のプレイを見通すことができます。

とはいえサッカーはチームプレイですから、自分1人だけがメタ思考をできてもうまくいかない場合が出てきます。

たとえばプレイ中、自分が「ここにパスを出してくれ」と思っても、チームメイトのみんなが自分の周囲数十メートルの視界で、数人の動きしか見えていないと、パスをもらうことはできません。

けれども、メタ思考のできる人が複数人いたなら、ドンピシャで合わせてもらうことが可能になります。

そうすれば、視界的には〝空中戦〟で進行していくような場面が増えて、ゲームがよりおもしろくなりそうです。

メタ思考を身につけたい人は、ぜひこの『ブルーロック』を読んでみてください。一発でその意味が肚《はら》に落ちるはずです。

メタ思考とは「主観と客観を行き来する思考法」

ここまで「本当のメタ思考」についての最重要ポイントは話し終えましたが、ほかにも大切なポイントはまだまだあります。

ここからは「これだけは知っておいてほしい！」という事柄に絞って、お話をしていきたいと思います。

最初に伝えたいのは、**メタ思考とは「主観と客観を行き来する思考法」である**ということです。

それをもっとも体現しているのが、**将棋**です。

将棋は、対局している間じゅう、メタ思考の連続です。

初手からして33通りも指し方があり、「自分がここに指したら、相手はどう出るか、それに対して自分はどの駒をどう動かすか」など、数手先まで読んで決めているそうです。

それが1手、1手繰り返され、選択肢の数も何百、何千、何万と、どんどん増えていきます。盤上の駒の位置を俯瞰し、互いの指し手をシミュレーションしながら、次の1手を決める。

これをメタ思考と呼ばずして何と呼ぶ？ という感じです。

ですから将棋を指すだけ、対局を見るだけでも、メタ思考の何たるかはわかります。

しかし、将棋のすごいところはそこに留《とど》まりません。どちらかが「負けました」と投了して対局が終わると、**「感想戦」**が始まるのです。

自分から「負けました」と言うのも屈辱であるうえに、まだ敗北感も冷めやらぬうちに対局を振り返るなんて、メンタルがタフでないと耐えられないような気もします。勝ったほうだって、しばしガッツポーズはお預けです。

それでも棋士たちは、和やかな雰囲気のなかで、互いがどの場面でどう迷ったか、どう考えたかなどを事細かに振り返ります。

この感想戦で特徴的なのは、それぞれの棋士が1つの局面をめぐって、自分にはこう見えたと明かし合うこと。

いわば、**主観と客観を行き来しながら〝お互いの視点〟を重ね合わせる。**

これによって、棋士たちはメタ思考にいっそう磨きをかけているように思います。

「他者の視点を取りこむ」姿勢が大切

難しそうと思うかもしれませんが、私たちも同じような思考の訓練を、意外と簡単に行うことができます。

それは**「他者が何を考えていたのかを知ろうとする」**ことです。

たとえば販売の仕事をしているなら、別の店で「お客さんの目」を意識して買い物をしてみる。

そうすると、いつも自分の目が見ているお店の風景に、お客さんの目で見える別の風景が重なります。お客さんが何を考えているのかも想像しやすくなります。

こうして**主観と客観を行き来させると、そのメタ思考から現状の課題が浮き上がり、修正・改善していくことができるようになります。**

とくに判断に迷ったり、自分の行動に自信が持てなかったりするときは、「他者の目はどんな風景を見ているか」を想像してみる。

そんな練習を続けるうちに、「主観と客観を行き来する」ことによるメタ思考が磨かれます。

メタ思考があれば「自分の行動を実況し、言語化できる」

メタ思考なんて言葉もない時代から「メタ思考の実践者」として生きた偉人がいます。室町時代の能楽師である**世阿弥**《ぜあみ》です。

世阿弥は、父の観阿弥《かんあみ》が後継者である自身に向けて語った芸の精髄をまとめた『花伝書（風姿花伝《ふうしかでん》）』を書いたことでよく知られています。

とはいえ、単に教えを書き起こしただけではなく、世阿弥自身の解釈が加えられているところがメタ的。

人生の本質を能の世界に凝縮し、さらに一族が能という芸術で厳しい世を生き抜くための「秘伝」としての上達論を展開しています。

そんな世阿弥の言葉に**「離見《りけん》の見《けん》」**というものがあります。

「わが眼の見る所は我見なり。離見の見にはあらず。
離見の見にて見る所は、すなはち見所同心《けんしょどうしん》の見なり」

（『風姿花伝・花鏡《かきょう》』タチバナ教養文庫）

現代語に訳すと、**「観客席のような離れたところから自分を見ている、その目を自分自身のなかに持ちなさい」**ということです。

ほかにも「心を後ろに置くべし」といった言い方もしていて、いずれもメタ思考的な視点をすでに理解し、実践していたことがうかがえます。

なるほど現状を「離見の見」で見ると、ふだんは見えないことに気づかされるように思います。

この世阿弥の「離見の見」が実践できているかどうかを確認する、手っ取り早い方法があります。

自分の行動を実況し、言語化する

それは、**いま自分が何をしているのか、行動の一部始終を、スポーツ中継のように実況して言語化してみること**です。

騙《だま》されたと思って、やってみてください。

すると自然と、自分の行動を客観的に見ることができるはずです。

たとえば仕事の場面で、難しければ、食事とか掃除、買い物など、日常のさまざまな場面で自分の行動を細かくなぞりながら、周辺情報も入れて実況してみるのです。

声に出すと変な人に思われるので、本を黙読するように心のなかでしゃべればＯＫ。

もう１人の自分が幽体離脱して、上から「実況解説」している感じになります。

「1人実況中継」で結果を出したイチロー選手

少し昔の話になりますが、元メジャーリーガーのイチローさんは2009年のWBC決勝・韓国戦で、「ここで自分がヒットを打てば、日本が世界一になる」という場面で、この〝1人実況中継〟をしたそうです。

（前打者の）川﨑（宗則選手）は初球をショートに打ち上げてしまう。その瞬間、イチローにスイッチが入る。打席に向かいながら、心の中で彼はこう呟いていた。

『ここで打ったらえらいことだな。打たなかったらもっと、えらいことになる。日本での視聴率もごっついな。ここで打ったら、オレ、いけてるよな……』

「そんなことが頭に浮かぶときはろくな結果になりません。でも浮かんでしまった以上、消すこともできないから、こうなったらこの流れに委ねようと思って、ちょっとした実況が始まったんです。『さあ、この場面でイチローが打席に入ります』ってね」

（『イチロー・インタビューズ 激闘の軌跡 2000-2019』石田雄太、文藝春秋）

この〝1人実況中継〟はバッターボックスに入った後も続いたそうです。

そして、5球目、ボールになりそうな球をファウルした瞬間、「次にどんな球がストライクゾーンに来ても打てるな」という感覚を得る――その間際まで実況は続いた、と語っています。

その結果、ツーアウト2、3塁から劇的なタイムリーヒットを放ち、日本のWBC連覇につながりました。

自分の行動を実況して言語化できるということは、物事を客観的に見て、言い換えればメタ思考をして、落ち着いて行動していることの裏返しなのです。

思考の「ブレーキとアクセル」を上手に切り換える

メタ思考は、これまで述べてきたように「行動とセット」で考えるものです。でも、やみくもに行動するのは、もちろんメタ思考ではありません。

メタ思考のなかには**「思考のアクセル」**と**「思考のブレーキ」**が同居しています。

車を運転するとき、アクセルを踏めば、車は前に進み、ブレーキを踏むと止まりますよね。このアクセルとブレーキは適宜切り換えないと、大変なことになります。

車と同じように思考にも、行動を調整するためのアクセルとブレーキがあるのです。

思考のアクセルとは、いわば「自分がこうしたい！」という欲望です。

現状を動かす強い推進力になる一方で、自分を取り巻く状況や周囲の考え・思いに頓着せず、自分の欲望のまま、やりたいようにふるまうことにもなりかねません。

そこで必要になるのが「思考のブレーキ」です。

思考のブレーキとは、道徳・社会規範やコンプライアンスの意識。

たとえば、

「人を傷つけてはいけない」
「うそをついてはいけない」
「人のものを盗んではいけない」
「自分がされてイヤなことは人にしない」

など、人としてやってはいけないことをやらないように気をつける。

つまり、「自分はこうしたいけど、誰かに迷惑をかけないかな」と考える。

それが思考のブレーキです。

ただし、これもブレーキを利かせればいい、というものでもありません。

周囲のことばかり気づかっていると、どうしても行動力、推進力が鈍るからです。

それでは「傍観者メタ思考」になってしまいます。

大事なのは、**思考のアクセルとブレーキ、言い換えれば欲望と道徳（規範）を、メタ思考によりうまく調整しながら、状況に応じて行動すること**です。

フロイトが説いた「3つの心」とは？

フロイトが『精神分析入門』という本のなかで、同じようなことを述べています。

ざっくり解説すると、心には「自我（エゴ）」「エス」「超自我（スーパーエゴ）」の3つの領域があるというもの。

1. 自我……感情や意志行為の主体である私
2. エス……欲望の源である無意識のエネルギー
3. 超自我……社会のルールや倫理観のようなもの

これらの関係性を、「エスが自我を動かすと、人間は欲望のままに行動する。でも超自我がその欲望をコントロールし、社会のルールに則《のっと》って、あるいは人としてとるべき行動・とってはいけない行動を自我に押しつける」というふうに捉えています。

だとすると、エネルギー的に一番弱いのは「自我」です。

「エス」からは「好きにやらせてくれ」と突き上げられ、「超自我」からは「ルールを守れ」と頭を押さえつけられ、非常に苦しい立場にあるような感じがします。

だからこそ**「自我」の領域を増やしなさい、とフロイトは説いています。**

そうすれば、「エス」の欲望を生かしながら、でも「超自我」の指示通りに社会のルールを守って、上手に行動できるようになるというわけです。

こういう心の仕組みがわかると、自己コントロールがずいぶんラクになります。

これはまさにメタ思考がなければできないこと。

思考のアクセルとブレーキをうまく調整できることが、本当のメタ思考の特徴です。

メタ思考には「スピード」が不可欠

いまは変化の激しい時代です。

「昨日まで注目されていたことが、今日はもう流行遅れ」「昨日の常識が今日の非常識」というくらいのスピードで、物事が進んでいきます。

時代が「変化をすばやく察知して、即座に対応する」ことを求めている、と言ってもいいでしょう。

ですから「状況を俯瞰して判断・行動する」にしても、「ゆっくり・じっくり」メタ思考をしている暇はありません。

いまの時代が求めているのは、**「即断即決型のメタ思考」**。

客観的に物事を捉えることに「スピード」をセットにしないと、実際には使えないことになりかねないのです。

このことを理解できるいい例が、**バレーボールのセッター**です。

バレーを見ていると、つい、背が高くてジャンプ力のある選手が、バシッとスパイクを決めたり、敵のレシーブを打ち砕くような豪快なサーブを打ったり、敵の強烈なスパイクをきれいにブロックしたり、そんな華やかなシーンに目を奪われがちです。

けれども「メタ思考」的な視点で注目すべきは、トスを上げるセッターの動きです。

セッターは「コート上の司令塔」的な役割を担っています。

だから第一に、全選手の得意・不得意や、攻撃のパターン、その日の調子など、さまざまなデータが頭のなかに入っていなくてはなりません。

加えて、たとえばレシーブされたボールをどこにいる選手に打たせるか。どのくらいの高さにトスを上げて、狙い通りのスパイクを打たせるか。通常のタイミングが有効か、それともズラすのが効果的か。はたまたブロックのワンタッチを狙って打たせるか。相手のブロックはどこで何枚飛ぶか……。

こうして文字にしただけで、セッターが得点の可能性を上げるために、いかにメタ思考を駆使して、複雑な判断をこなしているかがわかりますよね。

このように広い視野で敵味方の選手たちの動きを見ながら、一瞬にして的確な状況判断をすることが要求されるのがバレーのセッターなのです。

じっくりゆっくり考えている時間なんてありません。

現代の仕事はスピード感において、バレーボールに似ています。

つまり、現代的なメタ思考とは、**超高速で頭をフル回転させ、あらゆる情報を踏まえ、一瞬で行動に移すこと**なのです。

仕事や日常生活のメタ思考はここまで一瞬の判断ではないかもしれませんが、本質は似通っています。

全体を俯瞰し、即断即決。これこそが現代に求められるメタ思考の特徴です。

『ハイキュー!!』の名台詞から学ぶメタ思考の本質

そんなバレーのセッターの奥深い世界を知るのに、いいテキストがあります。

ここもやはり、と言うべきか、漫画。

「週刊少年ジャンプ」(集英社)に連載された『ハイキュー!!』(古舘春一《ふるだてはるいち》)です。

高校バレーを題材に、数えきれないほどの名台詞《せりふ》が出てくる『ハイキュー!!』ですが、メタ思考がらみで印象的なのは、烏野《からすの》高校・烏養《うかい》コーチがセッターの影山飛雄《かげやまとびお》に言ったこんな台詞。

「試合の〝状況〟と選手の〝状態〟を把握するんだ」

いま、試合の状況はどうなっているのか、選手の状態はどうなのか、その2つを見極めろ、というわけです。

これこそ「完全なメタ思考だ」と思わず唸《うな》ってしまいました。

余談ですが、この言葉に感動した私は「教師の仕事もこうでなければいけない」と思い、教員を目指す学生たちにこう指導しました。

「いま、授業はどういう〝状況〟なのか、生徒1人ひとりはどういう〝状態〟なのか、ちゃんと把握しなさい。わかる？『ハイキュー!!』だよ」

しかし残念ながら、学生の反応はイマイチ。

学生たちはこの漫画を好きで読んでいるだろうなと思って言ったのですが、意外や意外、私のほうが詳しかったようです。

私のメタ思考愛が強すぎた、ということにしておいてください。

メタ思考があれば「チャレンジ精神」があふれてくる

ここまで「メタ思考は行動とセット」と繰り返し述べてきました。

メタ思考は元来、行動に反映する決断をするための「動的なもの」であって、理解するだけで十分というような「静的な概念」ではありません。

ただ、そんなに難しく考えることはありません。

本当のメタ思考を身につければ、自然とチャレンジ精神がわいてきます。

何か行動を起こすときに、とりあえず状況を見て「よし、いける」と判断したら、やりたいことをやってみる。

その積極性の後押しをしてくれるのが、メタ思考なのです。

このことを教えてくれる恰好《かっこう》の事例があります。

それは**落語の「枕」**です。

落語では話に入る前に、雑談のような、笑い話のような、短い話をするのが通例で、これが「枕」と呼ばれています。


では、枕は何のためにあるのでしょうか。

目的はおもに2つあります。1つは、観客の気持ちをほぐすため。

もう1つは、その日の観客はどういう人たちなのか、どこに〝笑いのツボ〟があるのか、といったことを観察するため、だそうです。


五代目・古今亭志ん生《ここんていしんしょう》さんは、後者、お客さんの反応をはかることをおもな目的にしている、というふうに語っています。

一口に「観客」と言っても、落語に対する感性は1人ひとり異なります。

とくに団体のお客さんだと、無類の落語好きや志ん生ファンばかりではありません。

初めて寄席に来た方や、そんなに落語に興味のない方もいるでしょう。

あるいは、よく笑う人もいれば、あんまり笑わない人もいます。
どんな話がウケるのかも、一様ではありません。

その辺りの勘所を探るために、志ん生師匠は枕を振って、反応をつぶさに観察。その感触をもとに話し方を工夫するというのです。

お客さまに思い切り笑ってもらうために、高座から客席を見渡しながら、「今日はどんなお客さんが来ているのかな？」と観察する姿は、まさにメタ思考を体現していると言っていいでしょう。

何より、**このようなメタ思考は、積極的な行動、チャレンジにつながります。**

枕のウケしだいで、新しい笑いに挑戦する気持ちが鼓舞されるからです。

「今日のお客さんなら、あの新ネタもいけそうだ。試してみるか！」

といった具合に、挑戦欲がわいてくるのです。

講演会の冒頭で私が「一発ギャグ」をやるワケ

私も講演会では冒頭で、落語の枕に当たることを試みています。

たとえば壇上でいきなり、大きな声で「こんにちわーっ！」と両手を前に突き出して、グーパーしながら叫びます。

これはお笑いコンビ・錦鯉の長谷川雅紀《まさのり》さんのマネです（ちなみに、錦鯉のお2人にはきちんと許可をいただいてやっています）。

なにも行き当たりばったりにウケ狙いでやっているのではありません。

私はいたって冷静に、**その日の聴衆のみなさんが「これで笑ってくれる人たちなのか？」を見ています。**

これをやると、その日のお客さんがいまのギャグを好意的に受け入れているかどうかがすぐにわかります。

感触がよければ、この種の笑いを取り入れながら、講演を盛り上げることができます。

あるいは本題に入る前に、「教養の話」を振ることもあります。

話の途中で、「それじゃあ、まるでソクラテスじゃないですか」とか「自分はデカルトか、って話です」などと哲学者の名前を挟む、みたいなことです。

それで聴衆がポカンとしていたら、「あ、よくわかりました。今日はちょっと教養の設定を調整しながらいきますので」とジョークまじりに言ったりもします。


こんなふうに**本題に入る前に枕を投げると、その場の状況をよくつかむことができ、話をより楽しんでもらうための工夫がしやすくなります。**と同時に、「ちょっと1回、やってみよう」と、新しいことに挑戦する気持ちにもなれます。それが一番のメリットです。

みなさんも機会を見つけて、落語の枕や講演会で演者がやる〝つかみの話芸〟などをよく観察してみてください。

それは意味もなくあるわけではありません。メタ思考に基づく緻密な計算のうえに用意されたものであることが、よくわかるはずです。

メタ思考ができる人は「常に自分を修正できる」

メタ思考のできる人は、「いま、状況が変わりました。さあ、どうする?」となったとき、さっと行動を修正します。

瞬時に変化した状況を把握し、そのなかで自分はどう行動するかが判断できるからです。

変化に対応する準備ができている、ということです。

一方、**メタ思考のできない人は、「どうしよう、どうしよう」とおろおろするばかり。**

何らかの手を打つまでに、かなりの時間がかかってしまいます。

準備が十分に足りていないために、変化に対応できない、ということです。

また、「修正」には半年や1年など、ある程度の期間を要するものもあります。

その間、自分がどういうパフォーマンスをあげたかを客観的に判断し、改善につなげていくようなときです。

こちらは、自分の能力を客観的に分析するところにメタ思考が発揮されます。

なぜ大谷選手はスーパースターであり続けられるのか？

たとえばメジャーリーグのスーパースター大谷翔平選手は、毎シーズン、高いパフォーマンスをあげています。

対戦相手の投手たちが前年の経験とデータをもとに「ここが弱点だ」としたところを徹底的に攻めてくるにもかかわらず、打てなくなることがありません。

ふつうというか、並の選手だと、ピッチャーの攻め方が変わると、たちまち打てなくなるものなのに、大谷選手はしっかり対応してくるのです。

いわゆる「2年目のジンクス」ではないけれど、大ブレークした次のシーズンに、相手から徹底的に研究されて一転、大不振に陥る、みたいなことがなかったわけです。

なぜだと思いますか？

それは、シーズンオフに**相手以上に自分で自分の研究をし、弱点を克服しているからです。**

報道によると、彼はシアトルの野球トレーニング施設「ドライブライン・ベースボール」に通い、その年のデータ収集ならびに動作解析などを行っているそうです。

たぶん「ほんのわずかな弱点も許さない」くらいの厳しさで取り組んでいるのでしょう。

具体的には、まず前シーズンの自分の状態を克明に分析。

「来季は、ホームランになる確率の高いここは、勝負を避けて、あまり攻めてこないだろう。逆にここは確率が低いから、どんどん攻めてくるだろう」などと次のシーズンで仕掛けてくるであろう相手の戦術をシミュレーション。

そのうえで「自分はこう攻められたら、こう迎え撃つ」と想定。

そういう対応ができるように、弱点を補強し、強みを増強する練習に励む。そんな感じでしょうか。

こういう練習メニューを組み立てられるのは、メタ思考あればこそ。

「本当のメタ思考」ができる人は、**過去の自分から一段上に抜け出して、未来を見通すことで、自分を変化させ続けられる人なのです。**

メタ思考による弱点克服能力を駆使する人は、間違いなく成長スピードが速いことを言い添えておきましょう。

第2章

「本当のメタ思考」を身につける方法

メタ思考には「アウトプット」が欠かせない

前章までの話で「本当のメタ思考とは何か」が十分にわかったと思います。

本章では「本当のメタ思考は、どうすれば身につくのか？」について、ポイントを話していきたいと思います。

まず**メタ思考に天性の才能は不要です。**

特殊な能力ではなく、誰でも鍛えれば身につけることができます。

要は練習しだい。実践に役立つ方法をご紹介しましょう。

「人前に立つ」ことでメタ思考が身につく

高い視点で見る習慣を身につけるのに一番手っ取り早いのは、舞台のような、ほかの人たちより高いところに立つことです。

労せず、物理的に、俯瞰して現状を眺めることができます。

とはいえ、舞台に立つ機会なんて、ふつうはあまりありませんよね？

その場合は、**「人前に立って話をする」だけでも、十分メタ思考の練習になります。**


人前に立つことが、なぜメタ思考につながるのか？

理由は2つあります。

1つは、**「大勢の人の視線が、自分1人に刺さってくる」**ことです。

人前に立っているのに、周りから見られていることを意識しない人はいません。

当然、自分の話がみんなに届くよう、ちょっとテンションを上げて、声に張りを持たせて話さなくてはいけない、と考えるでしょう。

と同時に、否応なく、

「自分はみんなにどう見えているんだろうか」

「自分の話にみんなはどんな反応を示すんだろうか」

などと思考が勝手に働き出します。

とても自己中心的な思考ではいられなくなり、自然とメタ思考に導かれるのです。

あとは的確な状況判断をし、いい方向に進むように対応するだけ。場数を踏むにつれて、メタ思考力が鍛えられます。


もう1つの理由は、**「大勢の人を動かす力がつく」**ことです。

舞台であれ、何であれ、人前に立つその空間は、生のライブ空間です。

予想できないことが起きて当たり前の状況に立たされるのですから、自分のプラン通りに事を進めること自体に無理があります。

何があってもおたおたせず、聞き手の反応を見ながら当意即妙に対応していかなくてはいけません。

そうしてさまざまな〝アクシデント経験〟を得ることにより、聞き手の呼吸を感じながら対応を変えていくだけの度胸と対応力が身につきます。

たった10秒話すだけで、メタ思考があふれてくる

こういった効果を利用して、私は約１００人の学生が出席する授業でこんな練習をしてもらっています。

順番に、全員に向かって１人10秒で話してもらう、というものです。

10秒経ったら、話が途中でもやめて、次の人にマイクを渡すのがルール。「トーク・リレー」のように、どんどん回していきます。だいたい20分くらいで１周します。

このトレーニングのいいところは、１つは、自分が話している10秒間、ずっと１００人の視線が刺さっていること。

初めてやるときは相当緊張して、多くの人が失敗します。

「声が上ずっちゃった」
「ぼそぼそ小さな声でしゃべっちゃった」

「恥ずかしくて前を向けなかった」

「話に興味を持ってもらえなかった」

「自信なさげな話し方だったのか、聞いている人が不安そうだった」

「笑いが取れなかったな」


など、さまざまな反省が出てくるので、自然と考えることにつながります。

10秒なので、思考としゃべりのスピード感も必要になりますよね。

もとより目的は、上手に話すことではありません。

自分の話し方のクセや欠点に気づき、メタ思考を起動させることです。


たとえば、1周したところで、けっこうな数の人が何度も「えーと」を入れるので、「えーと禁止令」を出しました。

わずか10秒のなかで3回も4回も「えーと」と言うのは、もったいないですからね。

そうして2周目からは、「えーと」を排除して、10秒を意識した話の組み立て方を考えて挑んでもらいます。

さらに、聴衆を意識して、声や姿勢、しゃべり方を工夫するなど、〝トーク・リレー〟の間に、メタ思考がぐるぐる回り始めます。授業が終わるころには、かなりメタ思考に磨きがかかっています。

ただ、みなさんが１００人規模で10秒トークのトレーニングをするのは、ちょっと難しいですよね。そこまで大がかりにやらなくても大丈夫。

数人のグループで30秒トークを3～4周回す、といったスタイルでトライしてください。十分な〝メタ思考効果〟が得られます。

また、仕事をしているみなさんなら、会議やミーティング、プレゼン、朝礼等、大勢の人の前で意見を発表する機会がありますよね？　そのときに「ここはメタ思考のトレーニングの場でもある」と捉えるのもいい。恰好のＯＪＴになるでしょう。

まとめると、**いつもの自分より少しテンションを上げて、頭の回転を速くして、聞き手のみなさんの反応に応じて話の内容を変えていく。**

それを意識するだけで、メタ思考がグンと身につくようになります。

「教える」ことでメタ思考が育つ

私は教師ですから、日常的に教壇に立って話をしています。学生たちの様子が実によく見えます。それだけでメタ思考をしやすい環境が手に入ります。

「教える」立場に立つことには、メタ思考を発達させる効果があります。

学生を教育実習に送り出して30年以上、私は何千人もの学生が実地に教える経験をする前と後とで〝メタ思考度〟が格段に上がることを目の当たりにしています。

学生たちは教える側に回った瞬間、生徒たちからびゅんびゅん飛んでくる〝質問の矢〟を受けなければなりません。

しかも「日本史専攻なのに地理を教えることになった」とか、専門外の授業を任されることもあれば、勉強以外の質問が飛んでくる場合もあります。

答えられなければ、調べて後で対応するしかありません。先生としては緊張しますよね。

さらに、答えられるかどうか以前に、自分の知識量がどの程度のものか、教えたことがちゃんと伝わっているか、常にチェックする必要性に迫られます。

もう想定外のことばかり起こりますから、トライ＆エラーの繰り返しです。

けれども教えることに付随して起こるそういった経験が、生徒たちの反応を予測して何をどう教えるかを組み立てたり、わかりやすく伝えるために教え方を工夫したりすることにつながります。

教えるという立場によって、嫌でもメタ思考が鍛えられるのです。

私の観察では、1時間目より2時間目、2時間目より3時間目と、急速に教えるのがうまくなっていきます。

それは、メタ思考が上達したことの裏返し。教えられる立場の生徒より、教える立場の先生のほうが、多くを勉強させてもらっているくらいです。

ですから「自分には教える技量がない」などと臆することはありません。

大事なのは、**実際に教える立場に立ち、自分の知識や経験をいろんな人に教えてみること。**

そうすれば必ず何らかの反応があるし、反省するところも出てきます。

自分の知らなかった追加情報が得られることもあるでしょう。

それらの学びがメタ思考を上達させ、ひいては話術や教える技術を向上させてくれるのです。

頭のなかに「知識の引き出し」をつくる

人に話す、教えるといった「アウトプット」は、知識や情報、経験、技術など、自分が持っているものを人前で披露することにほかなりません。

お笑い芸人にたとえるなら、「日ごろから集めているネタを披露する」という感じでしょうか。

そういうときに、ネタは多いにこしたことはありません。

いや、ウケるネタなら、鉄板ネタとして〝使い回し〟をしてもいいでしょう。

ただし「同じネタを、同じ人に何度も話す」のはNG。

相手が「また、その話か」と辟易《へきえき》していることに気づかない時点で、メタ思考が働いていないどころか、思考の次元が低いことが露呈するからです。

さらにマズイのは、せっかく持っているネタをうまく引き出せないことです。

いくら自分でおもしろい、話したいと思っていても、それをうまくアウトプットできるかどうかは、別の話です。

そのために必要なのは**「日ごろからしゃべり慣れておく」**ことです。

こうすることで「知識の引き出し」が頭のなかにつくられ、「この場面では、このネタがいいかな」なんて、するするとアウトプットできるようになります。

だから、何かおもしろい経験をしたら、すぐに誰かにしゃべる！

友だちでも、職場の同僚でも、家族でも、誰でもいいから、顔を合わせたらしゃべる。

そういうふうにして相手を変えながら、同じネタを2回、3回と話すと、だんだん話すのがうまくなります。

と同時に、**相手の反応を観察することでメタ思考が刺激され、どう話せば興味を持ってもらえるかがわかるようになります。**ネタとして、上々に仕上がるのです。

このように自分の持てる多くのネタをいつでも引き出して、相手に合わせて話せるようにしておく、そのこと自体がメタ思考のなせるわざ。

常に〝ネタの引き出し〟が上からスカッと見えている、という状態にしておくことができます。

わかりやすいキーワードで、話のネタを整理しておく

自分の経験や知識など、話のネタを自由に、素早く引き出すには、ちょっとしたコツがあります。それは、ネタの1つひとつに〝検索フック〟をつけておくことです。

具体的には2つ、方法があります。

1つは**「わかりやすいキーワードで、話のネタを整理しておくこと」**です。

たとえば、「成功した話」「失敗した話」「驚いた話」「感動した話」「面白かった話」「苦労した話」など、話のネタを整理して、いつでも引き出せるように準備をしておくのです。

そうしておくと、たとえば、こんな使い方ができます。

・相手が自分の失敗談を聞いてほしそうなとき
↓「ああ、私にも似たような経験があります。じつは……」と共感の意を示す。
・会議で何か意見を求められたとき
↓「それは成功確率が高いと思います。なぜなら過去にこういうケースがあって……」とポイントをサラッと伝える。

このように、自分の経験したエピソードを自在に、よどみなく引き出しながら、相手のニーズに合った話ができます。

これは人との会話で、いくらでも練習することができます。要はどんな話題に対しても、自分の経験・知識に引きつけて話すことを意識すればいいのです。

みなさんはせっかくいろんな経験をし、さまざまな知識を得てきたのですから、きちんと整理して話せるようにしておかないのは、じつにもったいない。

わかりやすいキーワードで、話のネタを整理しておく

自分で自分の思考に制限をかける

自由自在に話を引き出すためのもう1つの方法。

それは**「自分で自分の思考に制限をかける」**ことです。

たとえば「最近あった、おもしろいことを話してよ」と言われても、なかなかいい話は思いつかないでしょう。

けれども「食べ物関連でおもしろかったこと」などと少し制限をかけると、これが意外と出てきやすくなります。

「そういえば、ランチで話題の店に行ったら、

3時間待たされて、夕飯になっちゃった」とか、「このあいだ青森を旅行して、生まれて初めてホヤを食べたんだけど、あれはすごいね！」というふうに。

人と話すときはもちろんですが、自問自答形式でやっても、メタ思考を身につけるための練習になります。

私は授業でも学生たちに話してもらう機会を多く設けていますが、その際のお題も一工夫するようにしています。

たとえば、スポーツの日に授業を行った際には、「スポーツや体育にまつわるおもしろいエピソードを1つずつ話してください」というお題を、さらに一段深めて、こう出題しました。

「今日はスポーツの日ですが、昔は体育の日と呼ばれていました。そこで『体を育てる』という観点から、スポーツに関連するおもしろい話をしてください」

と。すると、予想以上におもしろい回答がいろいろと返ってきました。

なかでも秀逸だったのは、魚マニアの学生のエピソードでした。なんと彼は、「餌をやる総量は同じなのに、餌のやり方を変えたら、魚の体重が1・7倍になった」と言うのです。

みんな、その話に「なぜ?」と引きこまれました。

彼が言うには、「夜、餌を食べさせた」とのこと。

「これ、人間にも当てはまりますよ、きっと」という、おもしろいような怖いような話でした。

とくに漠然と思考するクセのある人は、**自分で自分の思考に制限をかけたお題を出すと、自然と思考が深くなります。**

ぜひ、練習してみることをおすすめします。

メタ思考は「スピードを意識する」ことで身につく

前章でお話ししたように、変化の速い現代においては、メタ思考は深さや広さだけではなく、スピードが求められます。それができているかいないかは、頭の回転の速さや動作の機敏性に現れます。

では、どうすればスピード感を持って物事に取り組むことができるようになるのか。

そのポイントを絞って、お話ししていきましょう。

時間を守れない人はメタ思考がない

日本人は時間に厳しいと言われます。

しかし本当にそうでしょうか？

たしかに、電車が定刻に発着するとか、会議やイベントが定刻通りに始まる、何かにつけて遅刻にうるさいなど、時間に厳しい一面はあります。

けれども、こと「時間通りに終える」ことに関しては、非常にルーズなような気がします。だいたい、定時に仕事を終えて帰る人がどれだけいるのか、という話です。

昭和の猛烈サラリーマンほどではないにせよ、まだまだ〝9時－5時意識〟は希薄と言わざるをえません。

会議もそう。時間通りに始まっても、誰が何分話すのかが決まっていない、あるいは決まっているのに守られないために、大幅に時間オーバーするのは日常茶飯事でしょう。オンラインの会議とかシンポジウムでさえ、司会が「1人、3分でお願いします」と言っているにもかかわらず、最初の人がもう12分もしゃべっちゃう、という感じです。

私自身は日ごろ、**ストップウォッチを使って仕事の時間管理をしています。**だから、言われた通りの時間にピタリと終わらせることができます。

公的なオンライン会議の出席者が「1人3分」という制限時間のルールをあまりにも守

らないので、「いまから始めます」とストップウォッチの画面をカメラに見せ、終わった瞬間に止めて「はい、3分です」なんてやったこともあります。

ほとんど皮肉ですが、出席者には響かなかった様子。私より後の人が時間を守るようになったわけではありませんでした。それくらい制限時間を気にしていない人が多いのです。

明言しますが、**このように時間通りに仕事を終えられないのは、メタ思考のできていない人です。**

なぜなら、自分の話が長引くとスケジュールが押してしまい、多くの人に迷惑がかかることをこれっぽっちも気にしていないからです。

つまり時間が守れない人は、自分のことしか見えていない人。とてもメタ思考のような、高次の視点があるとは言えません。

「60分1本勝負」でメタ思考が働き始める

これはほんの一例。もっと時間を意識して行動しなければ、何をやっても上手に段取り

時間制限があるから、メタ思考が働く

できず、時間がかかるだけです。

みなさんにはぜひ、ストップウォッチを活用し、1つひとつの仕事・作業を「時間内に終わらせる」練習をしていただきたい。

いまはスマホにもストップウォッチがついていますから、何の準備もいらず、今日ただいまから実践できるかと思います。

そうやって**時間制限を設けた瞬間に、メタ思考が働き始めます。**

制限時間から逆算して、何をどう、どのくらいのスピードでやるか、自分の処理能力はどの程度かなど、状況判断をしながら進めていけるようになるのです。

私自身はここ20年、テレビの生放送で番組の

ＭＣを務めたり、「全力！脱力タイムズ」などのバラエティ番組に出演するなかで、時間感覚がかなり鍛えられました。

なにしろ「次は10秒で話してください」「次の尺は30秒です」などの指示がビュンビュン飛んでくるのです。時には、ＣＭまで残り３秒でコメントを振られたこともあります。

「えっ！」「何、何、えーと」「うーん、わかんない」なんて言っている間にも時間は過ぎていきます。とても悠長に構えていられません。

「この場面では制限時間内に何をどう話すか」

ということを、脳を高速回転させて考えながらしゃべる、という高度なメタ思考が要求されるのです。


しかも「全力！脱力タイムズ」では、ＭＣの有田哲平さんから「先生は波田陽区《はたようく》さんのネタもおできになるんですよね？」「イッコーさんのモノマネをしてください」と、ムチャぶりの嵐。

躊躇《ちゅうちょ》している暇もないし、やらなければ場がしらけるしで、追い詰められては自分の潜在的な力を爆発させている感じです。おかげでいままでは、

「時間と状況により自分を追いこむことが、メタ思考の何よりの訓練になる」

と確信しています。

もう1つ、私が時間感覚を鍛えるためによくやるのは、**プロレスの「60分1本勝負」みたいな感じで、自分に発破をかけて仕事に挑む**、というものです。

「次のプレゼンに必要な資料を1時間で読もう。60分1本勝負だ」
「30分ほど空き時間ができたから、前倒しで企画書をつくろう。30分1本勝負だ」
「休日の1時間をカフェで過ごそう。目標は新書を3冊速読。60分3本勝負だ」

こんなふうに時間を制限して取り組むと、間違いなく仕事をテキパキと進めることができます。

ぜひあなたもストップウォッチを使って「時間制限」を設けて、メタ思考の訓練をしてみてはいかがでしょうか。

「ずらす力」がメタ思考を育む

誰しも無意識のうちに何かをしていることは、よくあります。

「無意識のうちに何かを意識している」場合もあるし、「意識しなくてもできるくらい習慣化されている」こともありますから、「何も考えていない」とまでは言いません。

ただ1つ、たしかに言えるのは、「少なくとも意識的にメタ思考はしていない」ということです。

行動に明確な意識がともなうかどうかは、メタ思考においては重要な要素だからです。

とはいえ、どんな意識を持てばメタ思考が養われるのでしょうか。

その1つの答えが**「あえて、ずらす」**という意識です。

「であるならば、これ！」という感覚こそがメタ思考

たとえば、和歌や連歌には**「本歌取り」**という技巧があります。

よく知られている本歌（古歌）の言葉や趣向を借りて、新しい歌をつくることを意味します。

と言っても、パクリではありません。

あくまでもアレンジ。元歌に対するリスペクトがあります。

尊敬する優れた歌人へのオマージュなのです。

本歌取りのミソは、本歌を知っている人にしか、そのアレンジのうまさはわからないところ。

詠み手と聞き手、双方の教養がベースにあって、初めて感動を共有できるという知的なおもしろさがあります。

本歌取りは、元歌の教養がいわば地下水脈となって、新しい歌をうるおす、というメタ

的な構造になっています。

本歌取り文化に象徴されるこの日本の伝統文化は、いまの時代にも引き継がれています。いや、むしろ現代は**「アレンジの時代」**と呼んでもいいほど、多くのクリエイターが昔以上に高度なメタ思考の利いた作品を世に送り出していると感じます。

たとえばYOASOBIのAyaseさんは、『タナトスの誘惑』という小説にインスパイアされて、大ヒットソング「夜に駆ける」をつくったそうです。YOASOBIのクリエイティブの源泉である「原作小説」について、どう捉えているかを問われ、Ayaseさんはこう話しています。

「(原作小説は)「骨組み」という感じです。もちろんそこには「肉」も付いていて、その全てでひとつの小説として完結しています。

でもそれを「楽曲」に昇華させる上で「骨組み」はそのままに、「肉」の部分は一度バラして、再構築してひとつの作品として生まれ変わらせるという感覚なので、僕にとって原作小説は「骨組み」とか「柱」みたいなイメージです」

〈YOASOBI「夜に駆ける」ができるまで「小説は骨組み、楽曲は肉、歌が皮膚となり作品になる」〈田中久勝、Yahoo!ニュース〉〉

元の作品世界が自分のなかで化学反応を起こし、オリジナル作品化していく、そのプロセスは非常にメタ的です。

また最近では「週刊少年ジャンプ」（集英社）に連載された『マッシュル－MASHLE－』（甲本一《こうもとはじめ》）という漫画に、メタ思考を感じました。

この漫画は、『ハリー・ポッター』を彷彿《ほうふつ》とする〝魔法ファンタジー〟のような作品でありながら、主人公は魔法を使えません。

その分、体を鍛え抜き、あらゆる危機を筋肉で粉砕していきます。

この漫画を読んだとき、作者が「『ハリー・ポッター』が魔法であるならば、正反対の筋肉で勝負する」とアレンジしたであろうところに、強い「メタ意識」を感じました。

このようなアプローチは、メタ思考の習慣を養うのにとても役立つと思います。

いうならば「あえて、ずらす」。

意識的には「いま、こういう優れた作品がある。ならば、自分は少し趣向を変えて、こうしてみせる！」といった感覚です。

この**「であるならば、これ！」という感覚こそが、メタ思考を養うために必要な意識なのです。**

みなさんも、音楽でも絵でも、裁縫でも料理でも、どんな分野でもいいので、自分のリスペクトする〝本家〟の作品をベースに、自分ならこうする！というアレンジを工夫してみましょう。

それが難しければ、最初は、なにも本当に創作しなくてもいい。

アイデアを出す練習をするだけでもＯＫです。

料理のレシピを自分流にアレンジしたらどうなるかを考えたり、本来とは別の使い道がないかを考えたりといった思考訓練にも意味があります。

〝ゼロイチ〟は難しくても、アレンジはできます。**「ずらす力」がメタ思考を育む**のです。

これまでの伝統や歴史を俯瞰する「メタ的視点」でアレンジ（ずらし）を試みてください。

「何を意識して取り組むか？」と自分に問う

メタ思考度は、**「いま、何を意識しているか」**を言語化できるかどうかでわかります。

ある習字の授業で、子どもたちが一生懸命筆を運んでいるとします。

一段落したところで「はい、筆を止めて。では……」と言って、それぞれにこう質問します。

「筆を止める直前、何を意識していましたか？」

多くの子どもたちは何かしら意識していますが、「意識的に考える」までには至っていません。

なので、先ほどの質問に対しても、うまく答えられません。

一方で「墨のかすれ具合を意識していました」「はねと止めのところを意識していました」などと答える子どもたちがいます。

こうした子どもたちは、習字の出来はどうあれ、「メタ思考ができている」と言えると思います。

つまり、**行動に思考がともなっている**のです。

これは子どもに限った話ではありません。

大人だって、大同小異。行動に思考がともなわない場合が多い。

では、どうすればいいか？

答えは簡単です。行動する前に常に、**「何を意識してやりますか？」と、自分自身に問いかける**のです。

問いかけたら、「これこれ、こういうことを意識してやります」と明確に答え、その意識を持って物事に取り組む、そんな習慣を身につけるのです。

「何を意識して取り組むか？」を自問自答する

現象学を創始したフッサールは、人間の意識を「志向性（または指向性）」、つまり意識が何かに向かうことと捉えました。

自分の行動の何かに意識が向かっている、その方向を捉えることがメタです。

意識の方向性をくっきりさせて、かつ具体的に言語化する、そういう練習をすれば、メタ思考が養われる、ということです。

たとえば野球やテニス、バドミントンなどのボールを飛ばす競技は、漫然と素振りの練習をしていても、あまり上達しません。

どういう球が来たときにどう打ち返すか、どこを狙って打つかなど、場面を細かく想定して素振りの練習をするから、バットもしくはラケットのコントロール技術が向上するのです。

つまり、**意識の方向性を明確に意識化（言語化）できることがメタ思考で、それと反復練習をセットにすることがポイント**と言えるでしょう。

ですから日常的に、何か行動するときは自分自身に対して、「さて、何を意識してやるか？」と問いかけることをおすすめします。

この一言がフックになってメタ思考が起動するはず。

あとは繰り返し行うことが、メタ思考を鍛える練習になります。

「なぜAではなくBか？」と考える

自分自身への問いかけとして、もう1つ有効なのが、**「なぜAではなくBか？」**という問いかけです。

たとえば、

「なぜAではなくBか？」と考える

「なぜＡではなくＢの定食を食べたの？」
「なぜＡではなくＢのスマホを買ったの？」
「なぜＡではなくＢのデザインを選んだの？」

といった具合に質問すると、それを選択した思考のプロセスがクリアになります。

これを「ＡとＢの比較」抜きで、「なぜＢの定食？」「なぜＢのスマホ？」「なぜＢのデザイン？」というふうに質問すると、意外と答えにくいものです。

「なぜって言われても……」と思考停止に陥ることが多いのです。

これはAとBの比較があるから「なぜ」が生きて、思考が止まることなく、するっと説明できるのです。

少し上の視点から2つの選択肢を眺めることによって、答えが容易に見つかる。

だからメタ思考の練習になるわけです。

また、この自問自答を行うことによって、何も考えずに、何となくぼんやりと行動することが減ります。「自分がBの選択肢を選んだのは、こういうことがやりたかったからだ」と意識的に行動するようになるのです。

目的意識を明確にして行動できるよう、〝なぜAではなくBか？〟問答を使って、メタ思考の練習をしてみてください。成長スピードが加速するはずです。

「メタディスカッション」のすすめ

もう20年ほど前になりますが、授業に「メタディスカッション」という評価システムを取り入れたことがあります。

5、6人が1つのテーマでディスカッションし、その様子をほかの人が少し高い位置に立って見下ろし、審査員となってMVPを選んでもらう、というものです。

ポイントは、ディスカッションの後で審査員が〝審査コメント〟を述べること。

たとえば、

「Aさんは自分の意見を端的にわかりやすく述べていた。短くまとめて、ほかの人に話を振る気配りも感じられた」

といった具合に審査員が意見し、「よって、MVPはAさん」みたいに評価するのです。

「コメントは肯定的なものだけ」という条件をあらかじめつけてあるので、暗い雰囲気にはなりません。

このトレーニングにより、評価する立場の人も、される側の人も、双方がメタ視点でディスカッションの場を振り返ることができます。

その過程でメタ思考が磨かれるわけです。

じつは私が出演しているテレビ番組「全力！脱力タイムズ」でも、収録終了後にメタディスカッションのようなやりとりがあることがあります。

ディレクターの名城《なしろ》ラリータさんが「はい、お疲れ様でした」と締めた瞬間に、芸人さんが「何が起こっているかわかりませんでしたよ。あれで正解でしたか？」という感じで、将棋の感想戦みたいなことを始めたりします。

しかもそのやりとりを放送で少し流すこともあります。

この辺りにも、本編が芸人さんを追い詰める厳しい番組だけに、あえて終了後の和やかな雰囲気を伝えようというメタな工夫が感じられます。

ほかにも大学院生時代、いまなら**「メタゼミ」**と名づけられるようなこともやっていました。こちらは、ゼミが終わってから親しい数人が集まって、その日のディスカッションを振り返る反省会のようなものです。

「あそこは流れ的に、論点を切り替えたほうがよかったんじゃない？」

「あの話をもっと続けたかったのに打ち切られて、議論が宙に浮いちゃったよ」


などと、忌憚《きたん》なく意見をぶつけ合ったことを覚えています。

おかげで議論をさまざまな視点から分析する力や、常に議論の文脈を理解して発言する力が鍛えられました。


この力がメタ思考と密接に関わっていることは言うまでもありません。議論を反芻《はんすう》することでメタ思考は育つ、と言えそうです。

私の経験した「メタディスカッション」と「メタゼミ」を参考に、会議やミーティングのとき、将棋の感想戦のように、会議やミーティングそのものを振り返る時間を取り入れることをおすすめします。

「書くこと」がメタ思考を刺激する

打ち合わせやミーティング、会議などで人の話を聞くとき、メモを取っていますか？

あるいは頭のなかで考えたことを、紙に書き出して整理することはありますか？

そう問われたとき、「はい、いつもそうしています」と答えた人は、メタ思考のできている人です。

どういうメカニズムか、ご説明しましょう。

「紙に書く」という行為自体がメタ思考

メモを取ると、耳でキャッチした情報が、音声のように消えてしまうことなく、文字化されて残ります。

それにより聞きっ放しにしたり、あいまいな理解のまま記憶に保存されたりすることが防げます。

紙に正確な情報としてストックされ、それを客観的に捉えて判断・行動することが可能になるのです。

また、頭のなかの考えを紙に書き出すと、もやもやしていた問題が整理されます。〝思考の視界〟がすっきりして、よりよい判断と、それに基づく行動力が促されます。

このように、**「紙に書く」という行為自体が、じつはメタ思考を働かせている状態なのです。**だから紙に書くことは、メタ思考を鍛えるのにうってつけの練習になります。

ちなみに「紙に書く」ことにこだわらなくてもかまいません。

スマホのメモ帳などのデジタルツールを利用してもＯＫ。

ようするに情報を文字化して、そのメモなり文書なりを俯瞰して読むことができればメタ思考が育ちます。

日記をつける、SNSに投稿する

「書く」ことに関連して、**「日記をつける」**のはメタ思考のトレーニングになります。紙の日記帳やメモ帳でもいいし、ブログ、X（旧ツイッター）、インスタグラムなどでもいい。

すでにやっている方も多いと思いますが、何か日記的な記録をすることをおすすめします。

そのメリットは、**自分の毎日の行動を数日分、俯瞰して認識できること。**

そのなかで、たとえば「まさに十年一日《じゅうねんいちじつ》で、マンネリ化しているなあ」とか、「今度、こうしてみようかなあ」「ちょっと調子に乗っている。セーブしなきゃなあ」など、次によりよく行動するためのヒントが得られるのです。

とくにSNSを利用する場合は、最初に書く段階から、読者がどう受け取るかを考慮し、

「自己チェック機能」を働かせなくてはならないので、より効果的です。

そもそも何を書くにせよ、紙であれ、デジタルであれ、この「自己チェック機能」を働かせなければ、メタ思考にはなりません。

思いついたまま文字にして垂れ流すだけなら、メタ思考は不要だからです。

「書く」行為は体が担当し、この言葉が適当か、この表現でいいのかを考えて「推敲《すいこう》する」作業がメタ思考の領域である、と言っていいでしょう。

また、SNS時代に入って、文章を「しゃべるように書く」のが当たり前のようになっています。

メールやチャットでやりとりをしたり、コメント欄に投稿したり、一般の人にも書いたものをパブリックに発表できる機会が増えました。

読む人が10人、20人しかいなくても、パブリックはパブリック。

下手なことを書くと、自分への誹謗《ひぼう》中傷になって返ってくる場合だってあります。

だからパブリックな場を想定して、読者の気持ちに配慮して書くことが必要になってきます。

自分の意見や考えを慎重にアウトプットしなければいけない分、メタ思考が鍛えられるわけです。

「メタ思考が常に要求される状況」であることを利用して、むしろSNSには積極的に投稿する、というのもおおいにありでしょう。

3色ボールペンで主観と客観を切り換える

文章を書くだけが、書くことではありません。

本を読むときに線を引いたり、メモを書きこんだりするのも、書く行為と捉えていいでしょう。

その際、赤・青・緑の3色ボールペンを使うことをおすすめしています。

私にとって**3色ボールペンは、本を読んでメタ思考を働かせるときの必須ツールです。**

使い方を説明しましょう。

一番大事なのは「緑」。主観的におもしろいと思ったところに線を引っぱったり、語句を丸で囲んだりします。あくまでも自分の感性で判断します。

そうして読んでいくなかで、「著者はこれを言いたいんだな。ここをもっとも重視しているんだな」と思ったところは「赤」。著者の考えを俯瞰して判断する助けになります。

さらに数字や事実説明など、ポイントになるくだりは「青」。「まあ大事」が青です。長い部分は数行分を囲うといいでしょう。論理を整理するときに便利です。

これらの作業を1本の3色ボールペン（黒が入った4色が一般的）でやるのがミソ。カチッ、カチッと、使う色を切り換える行為が、そのまま主観と客観を切り換えるスイッチになるのです。

ほかのメリットとして〝主観のたこつぼ〟から抜け出せることがあげられます。

本を読んでいると、どうしても主観が先行しがち。

そうすると思考の軸が「好き嫌い」になってしまいます。

物事を論理的に捉え、考えることが難しくなるのです。

でも3色ボールペンを使うと、意識して客観を取り入れることができます。思考の軸を複数持てるのです。

こうして3色ボールペンがメタ思考をする条件を自《おの》ずと整えてくれるわけです。**3色ボールペンを使えば、誰でも主観と客観を切り換えられるようになります。**

「思考整理の補助線」を引いてくれる、魔法のツールなのです。

「図で考える」とメタ思考が働く

非常に難しい本でも、図解してくれると、一気に全体像を把握しやすくなることがあります。「そういうことだったのか」という感じで。

だからでしょうか、本の世界では近年、図やイラストをふんだんに用いた〝図解本〟がちょっとした人気を集めているようです。

しかし、図解本を読んでいるだけではもったいない。

おすすめしたいのは、**自分で図を描きながら、難しい本を読んだり、人の話を聞いたり、自分の伝えたいことを話したりすること**です。

これが、メタ思考を身につける練習になります。

ポイントは、読む・聞く・話すことと、図を描くことを同時に行うことです。

練習は、たとえば2〜3人1組で行います。真ん中に紙を置き、それぞれが伝えたいことを、図を描きながら順番に話します。

最初のうちは、なかなかうまくいきません。

図を描いて話す人も、話を聞く人も黙ってしまいます。また、話をすると、図を描く手が止まります。

それでも慣れれば、だんだん話しながら図を描いたり、図を見て質問をはさみながら話を聞いたり、みんなで意見を出し合いながら、各自が図に手を入れたりすることが可能になります。それだけメタ思考が上達した、ということです。

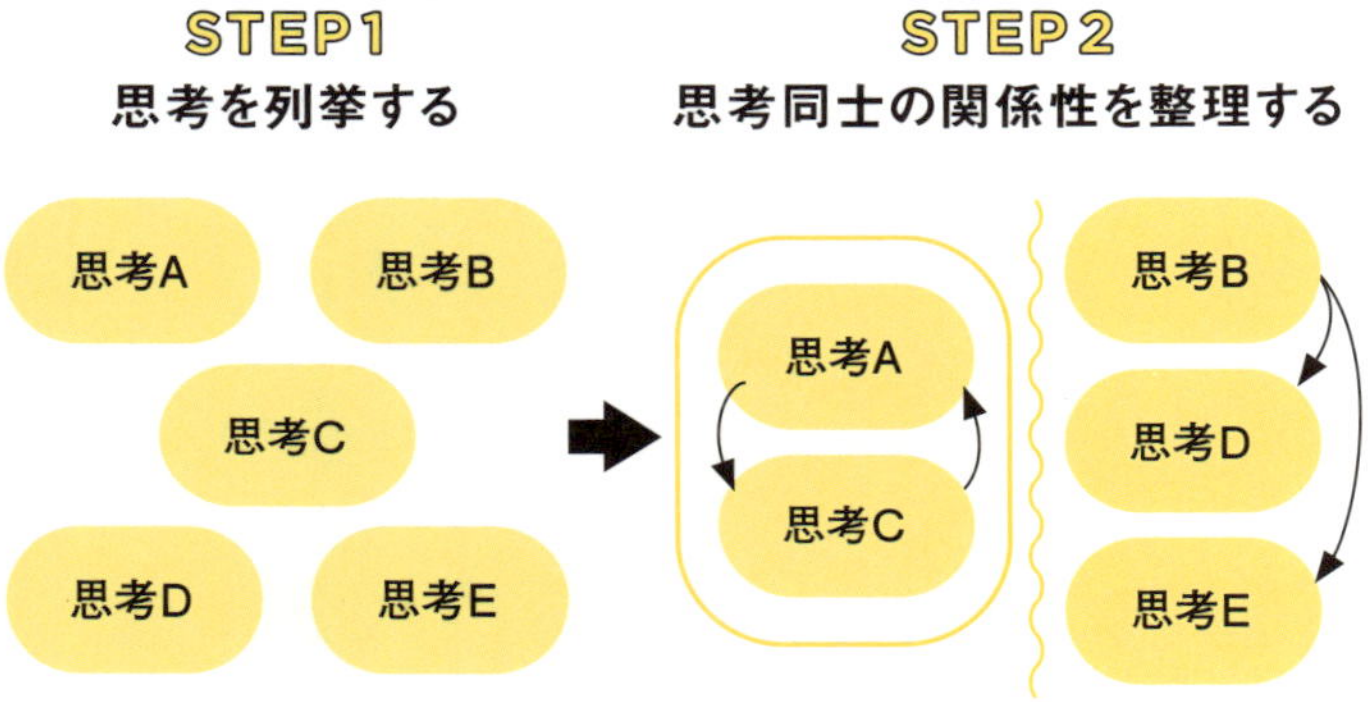

あるいは**自分の思考を「図化」してみるのもおすすめです。**

「図化する」といっても、そんなに難しいことをするわけではありません。

たとえば、自分がいま考えている思考を列挙して、何でもいいからそれに名前をつけてみる。

ここでは仮に、A、B、C、D、Eとしておきましょうか。分類は何でもOKです。

次に、その思考同士の関係性を記入するのです。

たとえば、A vs. Bとか、A→Cとか、あるいはC→Aだから両矢印（⇅）で結んでみるとか、同じようなカテゴリは大きな丸で囲んでひとまとまりにする、などなど。

ルールはないので、みなさんのわかりやすいようにまとめてみればいいのです。

これだけで、ずいぶんとそれっぽい図になるはずです。

つまり、**①思考を列挙して、②思考同士の関係性を整理する。**

この2ステップだけで、頭のなかで考えているよりも、かなり全体が見えて、すっきりするはずです。

メタ思考から言えば、それは俯瞰的視点からの総合的な思考ということになります。

なお、このやり方は、川喜田二郎さんが著書『発想法』（中公新書）で提唱している「KJ法」のようなもの。

思いつくままに発想したことを付箋《ふせん》にどんどん書いていき、似たものを輪ゴムでまとめてグループ分けしていく、というものです。

こうしたやり方も、メタ思考の練習をするときの参考にするといいでしょう。

読書は最強の「メタ思考インストール法」

本章ではメタ思考を身につける方法について、いろいろとお話ししてきました。

最後に、時間を忘れるくらい楽しく、自然とメタ思考が身につく最強の方法を教えます。

何を隠そう、それは**「読書」**です。

とくに、名著とされる文学・小説は、メタ思考が身につくヒントが詰まっています。


人間関係の基本は「会話」にあります。

互いの考えや思いを伝え合うことで、相互理解が進んでいきます。

それがうまくいくかどうか、カギを握るのがメタ思考です。


なかでも重要なのが「話の文脈を押さえる」こと。

相手が話しているときに、その話の文脈から言いたいことを理解したり、感情を推し量ったり、言外の意味をくみ取ったりすることができなければいけません。

この場合のメタ思考は、**「読解力」**に近いものです。

こうした読解力は、名著とされる文学や小説を読むことで、大きく養われます。

名著とされる文学・小説は、どれも人物造形がすばらしい。

ありとあらゆるタイプの人間像が、鋭い洞察力をもって深部まで描かれています。

登場人物と触れ合うだけで〝人間通〟になれる、と言っても過言ではありません。

また、文学・小説に描かれた登場人物と、現実世界で交流のある〝どこかの誰か〟が重なり合うおもしろさがあります。

現実の人間関係が文学・小説の世界と共鳴しながら、より深掘りされていくのです。

おすすめの書籍とともに、〝学べるポイント〟を紹介しましょう。

太宰治から「もう1つの人生」をメタに学ぶ

太宰治は大作家でありながら、「類い稀《まれ》なダメ男」としても定評があります。

何度も心中や自殺をしたり、左翼活動に関わって警察の厄介になったり、酒に溺れるわ、薬物依存になるわで、人生はたくさんの愚行で彩られています。

そんな太宰の生き方は、まじめに穏やかに人生を送りたい人にとって、何の参考にもなりません。

それなのに、いまも太宰に強烈に惹《ひ》かれる若い人たちは多いのです。私も好きです。

なぜでしょう？

それはおそらく太宰が自身の人生を投影しているであろう作品を通して、太宰が生きた「人生の断片」を疑似体験したいからではないでしょうか。

学生たちがよく言うのは、「自分のなかにも太宰的なものがある」ということ。

太宰が代弁者のようになって、自分の言いたいことを言い、したいことをしてくれてい

太宰治から「もう1つの人生」をメタに学ぶ

ると感じるようです。

つまり**太宰の人生と作品を二重写しにして、さらに自分の人生を見ている。そこにメタ思考が働き、自分の人生に対して客観的になれる**、というわけです。

太宰の作品のなかでも、とくに**『人間失格』**がおすすめです。

そもそも主人公が道化を演じている、そのこと自体がメタ思考です。

主人公はなぜ道化になることにしたのか。それは本当の自分が幼いころから人間を理解できず、世間とのズレを埋められなくて苦悩していたからです。

道化になれば、本当の自分をさらけ出さず

に、人と関わっていくことができます。

小説のなかで太宰は、道化を演じることをこんなふうに表現しています。


「おもてでは、絶えず笑顔をつくりながらも、内心は必死の、それこそ千番に一番の兼ね合いとでもいうべき危機一髪の、油汗流してのサーヴィスでした」

(『人間失格』新潮文庫)


やがて同級生に「ワザ。ワザ」と、笑いを取るためにわざと失敗したことを見破られて、また人間不信がぶり返してしまいます。

その後、太宰自身の転落の人生をなぞるようにストーリーは進んでいきます。

結局は不幸の連鎖を止められず、最後は病院に入って、「人間でなくなる」という結末。

何とも救いのない感じがしますが、読んでいるうちに自然とメタ思考が鍛えられます。

言うなれば、

「自分の不幸に対して、メタ的に立ち向かうことができる」

ようになるのです。

メタ思考によって〝不幸耐性〟が上がる、と言ってもいいでしょう。

辻村深月から「メタ的自己評価の難しさ」を学ぶ

古典的名著だけでなく、現代小説からも「メタ的な学び」を得ることはできます。

辻村深月《みづき》さんの小説**『傲慢と善良』**（朝日新聞出版）が、100万部を超えるベストセラーを記録しました。

この小説は学生たちにも大人気。私も早い時期に読み、若者がどこか息苦しさを覚える現代の婚活事情を描いたそのおもしろさに引きこまれました。

タイトルは、ジェーン・オースティンの名作『高慢と偏見』から着想したそうです。

こちらは18世紀末ごろのイギリスを舞台とした恋愛小説。結婚にまつわる女性の悩みが描かれ、その細やかな心理描写に卓越した人間観察眼が感じられます。

それはさておき、『傲慢と善良』で私が興味深く感じたのは、主人公の真実《まみ》が通う結婚相談所の女性が言った、次の2つの言葉です。

「（婚活に苦労している人は）皆さん、謙虚だし、自己評価が低い一方で、自己愛の方はとても強いんです」

「（中略）その人が無意識に自分はいくら、何点とつけた点数に見合う相手が来なければ、人は〝ピンとこない〟と言います。——私の価値はこんなに低くない、もっと高い相手でなければ、私の値段とは釣り合わない」

なるほど、「自分につける点数というのは、意外と高いのかも」と気づかされます。

でも、相手につける点数は低い。それで「釣り合わない」と感じた気持ちを、「ピンとこない」という言い方でごまかしている。

そんな心理が解き明かされると、読んでいる人は自分と重ね合わせずにはいられなくなります。

とくに「自分は自己肯定感が低い」と思いこんでいる多くの人はハッとするのではない

でしょうか。

「もしかしたら私、自己肯定感・自己評価が低いわりには、自己愛は強いのかも。婚活がうまくいかない理由は、その辺りにありそう」

というふうに、**小説に刺激されて、自分を客観的に見るようになるのです。**

作家の言葉、表現力は的確なので、読むうちに、無自覚だった自分の意識がはっきりする。そういうことはよくあります。

作家の頭脳レベルにどんどん鍛えられていく。上手な人とラリーをすると自然と自分も上達するように、メタ意識が養われるでしょう。

本は自分に引きつけて読むべし

とはいえ、読書するうえで1つ、気をつけなくてはいけないことがあります。

それは**「本の世界に惑溺してしまわない」**ことです。

自分自身を忘れて、ひたすら本の世界にどっぷりつかるのは、「メタ思考読書」の本道からズレてますよ、ということです。

現実の世界から乖離《かいり》すると、〝書界の引きこもり〟みたいになって感心しません。

だから私は、学生たちにいつも、

「本を読んだら、自分の経験に引きつけて考えてみてくださいね」

と言っています。

たとえば先ほどの太宰だったら、『人間失格』を読んでもらい、

「みなさんも道化のようにふるまったことはありますか？」
「うまく道化を演じたつもりだったけれど、ワザとだと周囲にバレたことはありますか？　あるいは逆に、誰かの道化を見破ったことはありますか？」

といった問いを立てて、エピソードトークをしてもらう。そんな授業をしています。

私自身も、本を読むときは、必ず自分の経験に引きつけて、行動に生かしています。たとえば『徒然草』を読んだとき、高校生だった私は、ある言葉に大きな刺激を受けました。それは、

「後《のち》の矢を頼みて、初めの矢になほざりの心あり」

という言葉です。これは、後の矢＝2本目の矢を当てにしていると、初めの矢＝1本目の矢にいい加減な心が生まれる、という意味です。

大きな刺激を受けた私は、すぐに自分の経験に引きつけて、こう決めました。

「そうだ、テニスのサーブを打つとき、ボールを2つ持つのはやめよう。1つだけ持って、1球勝負でファーストサーブを打つぞ！」と。

以来、いまに至るまで、この言葉はテニスに限らず、私の仕事を支える大きな支えとなっています。

このように本を自分の経験に引きつけて読むと、ただ文字を追うのと違って、メタ的に「さあ、この知識をどう実践しようか」と思考するようになります。

本の文脈と自分の人生の文脈。2つを重ね合わせるのが、「メタ思考読書」です。

このように本を読むことができれば、メタ思考が鍛えられること、間違いありません。

「つくり手のインタビュー」に触れる

私が、「メタ思考の名人！」と感じている方々がいます。

それは**「映画監督」**の方々です。

映画監督の方々は、映画全体に俯瞰的に目を配る、まさにメタ思考がフルに求められる立場にいます。

だから映画監督のインタビューを読むことは、メタ思考を学ぶうえで大変ためになると思っています。

何を意識して作品を撮ったか、どのシーンにどんな思いをこめたか、映像のどこにこだわったかなど、制作の裏側をのぞくことができるからです。

たとえばギリシアのテオ・アンゲロプロス監督の映画『霧の中の風景』に、馬が倒れているところに雪がスローモーションのように降ってくるシーンがあります。人々の動きが止まり、２人の子どもたちだけが動いていて、これが本当に美しいのです。ワンシーン、ワンシーンにどれだけの労力と工夫を重ねているのか、想像もつきません。

でも映画評論家の蓮實重彦《はすみしげひこ》さんの『光をめぐって　映画インタヴュー集』（筑摩書房リュミエール叢書）などを読むと、いろいろなシーンについて、「そうか、あの曇り空を求めて、そんな苦労があったのか」「あの人物が着ていたコートの黒色は、濃紺色でないと出ない黒だったのか」など、「そこまで考えていたのか！」という発見ばかりで、読めば読むほどメタ思考が刺激され、感心してしまいます。

また、番組でごいっしょしていた北野武さんに、『アウトレイジ』を見た後に、こんな質問を直接ぶつけたこともあります。

「冒頭のシーンを見て、一発で黒の世界みたいなものを感じました。黒塗りの車のボンネットにネオンが映りこんで、そこだけが光っていて。あれは実写ですか？　ＣＧですか？」と。

　すると武さんは、「あれ、実写なんだよ。ＣＧにするほうがお金かかるの。あれを撮るのは大変でさ……」と、深い話をしてくれました。

　ほかに、「Ｃｕｔ」という雑誌で連載されていた宮崎駿《はやお》監督のインタビューもおすすめです。これも書籍化されていますので、読んでみてください。

　ここでは映画監督を一例にあげましたが、著者のエッセイや、ドラマのプロデューサーなど、つくり手のインタビューを読んだり、あるいはドキュメンタリーを見たりするのもおすすめです。

　もちろん作品だけを楽しむのも映画を鑑賞する方法の１つですが、**表現者のメタ的な深い意識を学んだほうがよりおもしろいし、ためになる。**私はそう考えています。

第3章

メタ思考で仕事はこう変わる！

メタ思考で「段取り力」が高まる

本章では、メタ思考を身につけることで、あなたの仕事がどう変わるか、ビジネスパーソンとしてどのように成長できるかに焦点を当てて、お話ししたいと思います。

まずメタ思考を身につけることで得られる何よりのメリットは**「段取り力」**でしょう。

メタ思考のある人は、全体を俯瞰して見るクセがついているので、仕事の全体像を概観したうえで、**もっとも優先順位の高いものから取り組むことができます。**

この優先順位の見極めこそが、仕事のスピードを分ける分岐点になります。

一方、**メタ思考ができない人は、目の前にあること、「あ、やらなきゃ」と思いついたことから取り組んでしまいます。**

ただし、そういう仕事は、いつでもできる簡単なことで、優先順位の低い仕事であることも多い。

「どうせやらなきゃいけないことだから」と外堀を埋めていると、どんどん手間と時間が取られ、後回しになった優先順位の高い仕事に十分な力を注げなくなります。

結果、中途半端な仕事になってしまったり、締め切りに間に合わなかったりします。

仕事は〝ヘリコプター式〟で考える

たとえるなら、地道に1歩ずつ登っていく〝登山スタイル〟ではなく、一気に上空に上がって段取りを決めたうえで、思考を高速回転させる〝ヘリコプター式〟でいくのがベストです。これこそまさにメタ思考ですよね。

このように、まず「優先順位の高い仕事は何か？」を考えるクセがつくと、先回りするようにして仕事をこなすことができます。

余裕ができるうえに仕事のスピードが上がり、上々の成果をあげられるでしょう。

メタ思考は「交渉事」にも役立つ

ビジネスパーソンに求められる重要な能力の1つに、「戦略的思考」があります。

一言で言うと、「目標を明確にして、それを達成するためのプランをつくり、新しいアイデアを生み出す」ことのできる能力を意味します。

これはイコール、メタ思考と言っていいでしょう。

戦略的思考のなかでも**「交渉術」**は、ビジネスのさまざまな場面で必要とされます。

取引先でも上司でも、自分の考えや提案を理解してもらわないと、何も進みません。

「交渉が苦手だなあ」と思う人には、「ハーバード流交渉術」をテーマにした本を読むことをおすすめします。

何冊も出ていますが、どれもハーバード・ロースクールで実際にあった数多くの交渉事例を分析し、成功確率を上げるための理論パターンを研究してまとめたもの。
自分にフィットするものを選べばいいと思います。

ハーバード流交渉術の最重要概念「バトナ」

そんなハーバード流交渉術のなかで、最重要概念と言われるフレームワークがあります。それが**「バトナ（BATNA）」**です。

より正確に言えば、交渉事において、事前に準備すべきシナリオの柱となる3つの要素のうちの1つが、バトナです。

3つの要素を列挙すると、次の通りです。

1. ミッション（Mission）……実現したいゴールや交渉の目的
2. ゾーパ（Zone of Possible Agreement）……交渉可能な領域
3. バトナ（Best Alternative To a Negotiated Agreement）……代替案のなかで最良の案

ミッション、ゾーパ、バトナ

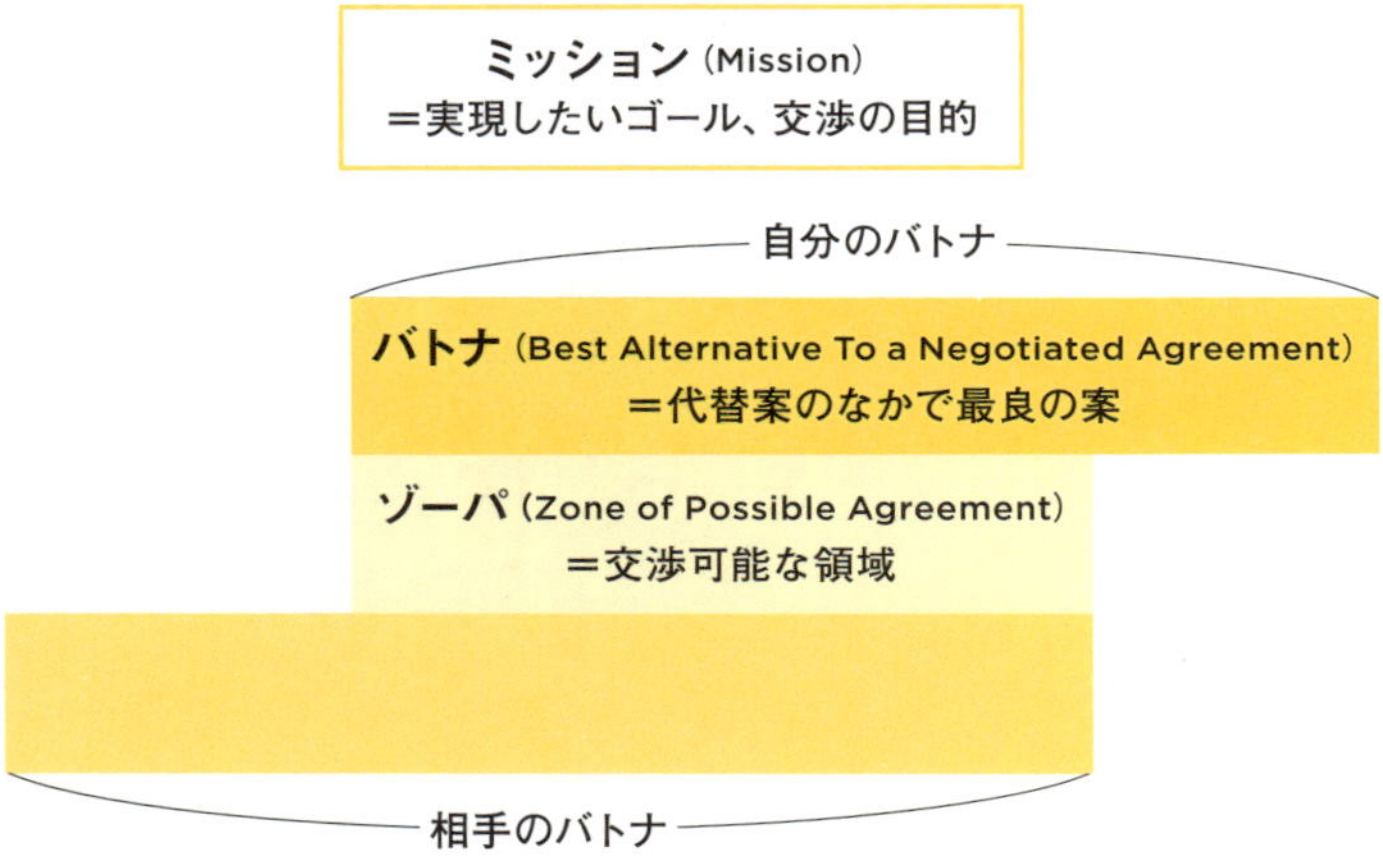
ミッション（Mission）
＝実現したいゴール、交渉の目的
自分のバトナ
バトナ（Best Alternative To a Negotiated Agreement）
＝代替案のなかで最良の案
ゾーパ（Zone of Possible Agreement）
＝交渉可能な領域
相手のバトナ

具体的には、まずミッション＝目的を明確にしたうえで、交渉相手と自分、互いの利益を考慮しながら、こちらの提案を伝えます。

そのうえで一番大事になるのが、バトナです。

つまり、交渉が合意に至らない場合に備えて、相手の利益がより大きくなる代替案（オルターナティブ）を用意しておくのです。

代替案が無いと、「どうしてもこの相手といま、交渉をまとめないと」と思ってしまいます。

バトナには「自分のバトナ」と「相手のバトナ」の両方が存在します。

自分のバトナと相手のバトナの重なる部分が、ゾーパ＝交渉可能な領域になります。

ゾーパの交渉においては、相手に「オプション（選択肢）」を与えるのも大事です。

たとえば「価格はここまでなら譲れます」とか、「こういうサービスをつけます」といった譲歩策です。

このゾーパの範囲内で、お互いが「ｗｉｎ－ｗｉｎの関係」になるように、交渉を進める、これこそがハーバード流「交渉」の概観です。

このように、**交渉全体の概観を押さえることは、まさにメタ思考的な理解になります。**

このフレームワークを知っているだけでも、雑然とした思考が整理され、何となく交渉に臨むよりは、ずっといい成果が得られるはずです。

また、バトナのメリットとして、**代替案が用意されていると、余裕を持って交渉に臨める**ことがあげられます。

代替案の用意が不十分だと、どうしても焦りが生じます。

その結果、「合意を焦ったために、足元を見られて、相手のごり押しに屈してしまった」「交渉が決裂し、何の成果も得られなかった」なんてことになってしまいがちです。

そんな事態に陥らないためにも、交渉をメタ思考的に捉えることが必要なのです。

メタ思考で会議のスピードも上がる

毎日、会議、会議でもうたくさん……というビジネスパーソンの方は、相当数おられるのではないでしょうか。

実のある会議ならいいのですが、「会議は開くことに意義がある」的な、中身の空疎な会議だと、自分の大事な時間を返してほしいとさえ思いますよね。

やたら拘束時間の長い会議、結論の出ない会議、目的のわからない会議、やたらに大勢の人が出席する会議、話が脱線する会議……。

そんな会議が多いとしたら、それは会議を仕切る人はもとより、参加者の多くが、メタ思考ができていない可能性があります。

何よりも〝メタ思考チーム〟をつくる、それが会議を有意義なものにする最善策です。

会議のスタートは「審議事項」から

ダメな会議の特徴、それは「報告事項から始まる」ことです。

私が出席する会議でも以前は、「まず報告事項から」と始まるのが恒例でした。

けれども報告事項が多くて、あまりにも時間を取る。

そのため肝心要《かなめ》の審議の時間が短くなり、出席者も疲れて頭がよく回らない、という事態を招くこともしばしばでした。

「これは問題だ」となって、最後に回していた審議事項から入ることにしたんです。

ただ順番を入れ替えただけですが、「いままでの会議は何だったの?」というほど、会議のスピードが上がり、中身も濃くなりました。

報告なんて、最後に要点だけざっと説明して、あとは「資料は会議が終わってから読んでくださいね」で事足りることがほとんどでした。

このように会議では、「もっとも重要なことを、最初に決める」のが鉄則。

そう、**会議でもっとも重要なのは「意思決定」なのです。**

出席者が元気で、頭の回転やキレのいい初めのうちに、意思決定に多くのエネルギーと時間を割くことがスピードアップにつながります。

つまり、メタ思考で議題の優先順位をあらかじめ決めておくのがポイントです。

仕事が速くなる「メタ思考チーム」のすごい力

アメリカのドラマ『24―TWENTY FOUR―』を見たことがありますか？

もう20年くらい前の作品になりますが、私は好きで、ドラマを見るだけではなく、わざわざ本まで買って読んでいました。

一言で言うと、「架空の連邦機関CTU（テロ対策ユニット）の捜査官がテロと戦う物語。

1話1時間、1シーズン24話で1日の出来事を描く〝リアルタイムサスペンス〟というスタイルが新鮮でした。

このドラマで私が注目したのは、**スピード感のある会議**です。てきぱきと進めて、短時間で意思の疎通をはかる、そのやり方を学ぶための非常にいいテキストだと感心しました。

ドラマのなかでは、出席者がさっと集まり、立ったままで、

「議題は3つ。いま、トラブルはありますか？　じゃあ、それについてはこうして、あとはこうして、はい、解散」

みたいな感じで、ものの1分で会議が終わります。

「会議の理想形がここにある！」と、叫びたくなるような気分でした。

なかなか難しいかもしれませんが、私の大学のチームは、ほぼほぼこの理想形を実現しています。

定例会議とは別に、日時を決めずに必要に応じて〝**臨時メール会議**〟のようなものを開いています。

誰かが何か問題を抱えたら、すぐに7、8人の同僚全員にメールします。

それを受けて各自が、自分の経験をもとにして「こうしたらいいんじゃないですか」「同じようなケースで、自分はこう対応してうまくいきましたよ」「それは上に相談したほうがよさそうですね」などと答える。そういうスタイルです。

概して、自分の受け持つ学生がトラブルを起こすと、自分の責任のように感じてしまうものです。

そうすると担当者が、過剰なストレスを抱えることになります。

そんな事態に陥らないように、**私たちは形式にこだわることなく〝メール会議〟を開き、みんなに相談するようにしています。**

また、何か新しい役割ができて、誰かが担当しなくてはいけないときなどは、できる人が積極的に「私、やります」と手をあげます。

ふつうは仕事が増えるから嫌がる人が多く、なかなか決まらないもの。

「三遊間に飛んだ球は誰が捕る？」みたいな問題が生じやすいのです。

けれども**わがチームは、そんな個人の事情で会議が停滞することのほうがイヤだと思うタイプの人たち。**メタ思考が身についているからこそ、

「どのみち誰かがやらなければいけないし、〝持ち回り〟だから逃げ続けることはできない。みんな忙しそうだし、いま余裕のある自分がやっておくのがベストだ」

「ここは自分の得意分野だから、手をあげよう」

「そもそも〝やりたくないオーラ〟を出して、チームの雰囲気が悪くなるのは避けたい」

というふうに、チームの状況と自分の事情を合わせて考えることができるのです。

メンバーが勝手に「チームの損得」を考えて動き出す

これこそが、**チーム全体を見通す意識が各人に行き届いた〝メタ思考チーム〟です。**

会議は、個人の損得よりもチームの損得を考慮して動くから、意思決定が速く、時間が長引くこともありません。もちろんチーム力だって、上がります。

このように「チームのために」という、言ってみれば**「個」ではなく「公」の視点を持つと、思考は自然とメタになります。**

とくに戦う集団においては、それぞれがベストポジションで自分の得意や強みを発揮し合うことで、チーム力が磨かれていきます。

ドジャーズの大谷翔平選手も、個人の成績がすごすぎて見落とされがちですが、常にチームが勝つことを考えてプレイしています。

しかも事あるごとに、「チームが勝つために」と言い続け、チーム全体の勝利に向かう気持ちを鼓舞しています。

そんな大谷選手を見ていると、まさにチーム志向はメタ思考そのものだと感じます。

メタ思考と問題発見

突然ですが、ここで1つ、問題です。

安全な水が少ないアフリカでは、女性や子どもたちが池や川、湖、整備されていない井戸などから水を汲《く》んで使っていました。

毎日大量の水の入った重い容器を背負って、長い距離を歩いていたそうです。

当然、子どもたちは学校に通う時間がなくなるし、背中や首を傷めるなど、健康への悪影響も深刻でした。


ところが、**〝ある工夫〟**によって、水汲みと運搬にかかる時間が5時間から1時間に軽減され、問題が一気に解決しました。

さて、どんな工夫をしたのでしょうか？

みなさんも少し読むのを止めて、考えてみてください。

……。

よろしいでしょうか？

正解は——ズバリ、「転がして運べる容器にした」です。

南アフリカのヘンドリクス兄弟が、互いが専門とする建築とエンジニアリングの知識を融合させて、「Qドラム」という水運搬容器を考案したのです。

Qドラムはプラスチック製のドーナツ型容器。最大50リットルの水が入ります。

中心部の穴にロープが取り付けられていて、これを引っ張ることで、ドラムを簡単に動かすことが可能です。

しかも力が分散されるため、疲労や負荷が軽減されます。もちろん持ち手は着脱可能で、耐久性が高く、メンテナンスも簡単です。

ここで私が言いたいのは、このアイデアがすばらしい、ということではありません。

なぜ長い間、高度な技術を要さないこの容器が開発されなかったのか？

そこが問題だと思うのです。

問題発見は「当事者意識」の有無で決まる

実際、講演会などでこの問題を「4人1組でアイデアを出してください」と出題すると、半分以上が正解を出します。

では、なぜアフリカでは何のアイデアも出なかったのでしょう?

それは「その問題を、当人の立場で考えたことがなかった」から。

水の運搬にものすごく困っているにもかかわらず、「子どもたちがかわいそう」とか「女性が首・腰を傷めて大変そう」と、どこか他人事《ひとごと》で終わっていたのです。

つまり、当人の立場で、本気で何とかしてあげたいとまで考えなかった。

すべての原因は「当事者意識がない」こと。現状の何が問題で、どこを改善しなければいけないかは、当事者でないとなかなか気づかないものなのです。

メタ思考と問題発見

けれども逆に言うと、当事者意識を持っていれば、現状に何か問題があるかどうかは、すぐに発見できるということです。

メタ思考は、「当事者意識」「自分ならどうするか？」によって身につくものです。

この問題は、メタ思考があればもっと早く解決できたと言えるでしょう。

いまビジネス界では「問題解決より問題発見が重要」とされていますが、その問題発見力は当事者意識があって初めて身につくもの。

問題発見力を磨くためにも、メタ思考を身につける必要があるでしょう。

メタ思考で「修羅場耐性」も身につく

ピンチに陥ったとき、メタ思考力のない人は状況に呑みこまれて、頭が真っ白になってしまいます。

何をしていいかわからず、気持ちだけが焦って、オロオロ、オタオタ、目が泳ぐ、といった〝症状〟も出ます。

一方、メタ思考力のある人はと言うと、ピンチのときほど「状況に呑まれまい」と、現状を俯瞰するので、頭が冴えてきます。

そして冷静に現状を把握し、どうするのが最善かを考えて行動します。

この対比でわかるように、**メタ思考ができると、危機的状況に強くなります。**

いわゆる**〝修羅場耐性〟**が身につくのです。

臍下丹田に気を集めよ

その昔、武士は修羅場を想定して、肚《はら》を鍛えました。戦いでどんな状況になっても動じないだけの度胸をつけ、そのうえで落ち着いて戦略的に戦えるよう鍛錬したのです。

肚の重要性について、白隠禅師《はくいんぜんじ》は『夜船閑話《やせんかんな》』の序でこのようなことを書いています。

「体の中の気を丹田、腰と脚、土踏まず（足心）に満たして、次のようにイメージするとよい。『私のそこはすべて自分の故郷である。自分のそこはすべて自分の心、すなわち浄土である。私のそこはすべて自分の体のなかにいる阿弥陀《あみだ》である』と。

このイメージが蓄積されると、体全体の気が自然と腰、脚、土踏まずに満ちて、臍《せい》下丹田《かたんでん》が瓢箪《ひょうたん》のように張って力が漲《みなぎ》ってくるだろう」

ようするに臍下丹田に意識を集中し、自分自身のなかにある内なる故郷、内なる浄土、内なる阿弥陀を感じるようにすると、元気が満ちてくる、ということです。

これもまた1つのメタ思考。「肚のできた人」になるイメージトレーニングとして、取り入れるのもいいかと思います。

〝戦う人〟を観察してみよう

何があっても動じない武士のような精神性を養うには、**〝戦いの現場〟を観察する**といいでしょう。

将棋でも、さまざまなスポーツでも、危機的状況を切り抜けて、本来の力を発揮し、勝利をもぎ取る人たちのメタ思考ぶりは非常に勉強になります。

いま、日本のテニス界に、メタ思考の達人だと私が思う選手がいます。

それは、伊藤あおい選手。

彼女は2022年にプロに転向し、その年と翌23年に全日本テニス選手権でベスト4を達成しました。さらに2024年のジャパン女子オープンテニスでは、予選から出場し、本戦に進出。ベスト4の快挙を成し遂げました。

彼女の何がすごいって、メタ思考のレベルが非常に高いところです。

体力的には「脱力テニス」と言いますか、「省エネテニス」と言いますか、いわゆる「強さ」はあまり感じられません。

「取れそうもない球は追わずにあきらめる」「ほとんど膝を曲げずに、棒立ちで打つ」「フォアハンドは、8割方スライス」など、あまり見たことのないテニスをします。

さらに言えば、伊藤選手は握力12キロと非力で、体力もそれほどありません。

でも、強い。

なぜかと言うと、**戦略的にゲームを組み立てる能力がずば抜けているから**です。

本人は「性格の悪さと嫌がらせには自信があります」などと表現していますが、それは「相手の嫌がるところを突く」という、あらゆるスポーツに共通する戦略でもあるのです。

彼女の術中にはまったプレイヤーは、執拗《しつよう》に弱点を攻められて、半ばノイローゼのようになってミスが増えることもしばしば。「〝あおい沼〟にはまる」とも言われています。

また、伊藤選手はコメント力があります。

たとえば勝利インタビューで、「こんなヘニョヘニョのプレイですけど、見に来てくださって、物好きだなと。ありがとうございます」なんて言ってしまう。

プレイと同様、いかにも自分のキャラクターを上から見てしっかり理解しているようで、こんなところにもメタ思考とそれに裏付けられた自己肯定感が垣間《かいまみ》見えます。

ビジネス書もメタ思考でより生かせる

読書はメタ思考をインストールする最強の手段である、と言いましたが、ビジネスに生かすメタ思考を学ぶには、もちろんビジネス書を読むことも有効です。

私がおすすめするのは、「ビジネス書の源流を押さえる」ことです。

というのもビジネス書は、源流に位置づけられる「名著」と呼ばれる作品が、本質的に大事なことはほぼすべて言い尽くしているからです。

多少時代が古くとも、いまに通じる学びが得られるのです。

また、それらの普遍的な教訓を、目の前の仕事やビジネスにどう活かすのか。

それを考えること自体が、メタ思考を養ういいトレーニングになります。

学んだ原理原則を
メタ思考で具体化する

一例を出すと、デール・カーネギーの『人を動かす』『道は開ける』（ともに創元社）などの著作は「自己啓発の源流」として人気が高いものです。たとえば、

「人を非難する前によく理解しようと努め、自分のことも省みるべし」
「率直かつ誠実にコミュニケーションすべし」
「相手の立場に立ってその望むことを実現させるべし」
「小さなことにくよくよするな」
「逆境を転じてチャンスとせよ」
「過ぎたことはどうしようもない」

など、名言とともに原則論が展開します。

どれも原則らしく、できて当たり前のシンプルな教えばかり。

けれどもメタ思考がないと、実践して結果に結びつけるのは難しいと実感するでしょう。

そこに学びがあります。


もう1人のおすすめは、ナポレオン・ヒルです。

もともと新聞記者だった彼は、「鉄鋼王」アンドリュー・カーネギーを取材したときに、成功者に共通する成功哲学を研究・体系化するようすすめられたそうです。

研究すること20年。近未来の成功者を含む延べ500人以上の成功者の軌跡を検証・分析したのが、『成功哲学』(きこ書房)です。

この本が後に多くの成功者を生むプログラムとなり、ヒルは「成功哲学の祖」とも呼ばれています。

合わせて『思考は現実化する』(きこ書房)という本もおすすめです。

「人は自分が思い描いたような人間になる」というメッセージは、まさにメタ思考により形成された信念と言えるでしょう。

「自伝」にはメタ思考のヒントが満載！

ノンフィクション・ジャンルの本で言えば、**自伝を読むのもおすすめ**です。

自伝というのは、自分の人生を振り返って、つまり自分の人生を俯瞰して書くことにほかなりません。それだけでも読む価値はあるでしょう。私も自伝が大好きです。

たとえば『フランクリン自伝』。

フランクリンは「雷は電気である」ことを明らかにした科学者として有名ですが、出版業者でもあり、哲学者、政治家でもあります。

注目すべきは、彼の個人史はそのままアメリカ合衆国の成立史にもなっているところ。「資本主義を育てた」傑物なのです。

自伝では、彼がたどった成功への道筋が、「公的な利益に尽くす」という信条や、ビジネスを成長させるためのノウハウなどとともに、子細に語られています。

また日本人の自伝的作品では、とくに福澤諭吉の『福翁自伝』、渋沢栄一の『論語と算盤《そろばん》』、杉本鉞子《えつこ》の『武士の娘』の3冊がおすすめです。

いずれも自分の人生をこれほど克明にたどれるものなのかと驚くくらいで、細やかな語り口とともに、著者と同じメタな視点から、彼らの人生自体を作品のように楽しめます。

ほかにもアガサ・クリスティやオードリー・ヘップバーン、ナイチンゲール、マラドーナ、モハメッド、マイルス・デイビス……メタ思考が刺激されるような優れた自伝には枚挙に暇《いとま》がありません。

そもそも**自伝を書く人はメタ思考が優れているはず**です。

彼ら彼女らは、どんな視点で自分を語っているのか、そこに注目するだけでも、読む価値はありそうです。

第4章

メタ思考で人間関係はこう変わる！

人間関係はメタ思考で決まる

本章では、メタ思考を身につけることで、あなたの人間関係がどう変わるか、コミュニケーション力がどのように上がるかに焦点を当てて、お話ししたいと思います。

そもそも、人間関係を円滑にする能力は、メタ思考とどう関係があるのでしょうか？

人間関係というのは、思考や感情がそれぞれ異なる者同士がぶつかり合って形成されていくものです。

その状況をどう捉えるかで、互いの行動は変わるし、関係性も変化します。

ですから互いの置かれている状況と関係性が理解できていないと、対応の判断を間違え、関係性を悪化させる場合があります。

そうならないように働くのがメタ思考。

互いの状況と関係性を的確に判断して、相手に不快な思いをさせない対応をすることができます。

通常、幼児はメタ思考ができないので、相手のことなどおかまいなし。自分の欲求をぶつけることでいっぱいいっぱいです。

けれども成長するにつれて、親兄弟はもとより、先生や近所の大人、同年代の友だちなど、いろんな人と関わるようになります。

そのなかで、「こんなことを言うと、人を傷つけるんだな」「こうすると、みんなが喜ぶんだな」「こんなことをしたら、嫌われちゃうんだな」といったことがわかるようになります。人間関係にメタ思考が働くようになるのです。

みなさんはもう大人ですから、すでに人間関係において働かせるべきメタ思考は育っているはずです。改めて、**「人間関係にはメタ思考が必要だ」**ということを認識しましょう。

そこが人間関係力を上げるスタート地点です。

教養としての「笑顔」の力

ただし、最初に断っておくと、人間関係はメタ思考だけでもいけません。

人間関係力にはもう1つ、人間関係全般のベースをつくる、普遍的な能力が必要です。

それは**「笑顔」**です。

幸いにも日本人は、さほど苦労せずとも、すでに笑顔が身についているような気がします。


その1つの証左と言いますか、小泉八雲の名でも知られるラフカディオ・ハーンは、1890年に来日したとき、日本人がみんな、いつも微笑みを浮かべていることに驚いたそうです。『日本の面影』という著書に、このようなことを書いています。

「温かな心根から出る微笑は、家庭で教えられるお辞儀や挨拶と同じように、あらゆる昔流儀の入念で美しい作法の1つである。その微笑は自分の感情よりも、相手に不愉快な思いをさせないための作法である、という意味で教養の1つなのである」

なるほど言われてみれば、日本人の微笑みには、他者の感情を気づかう心があります。それはメタ思考の賜《たまもの》と言っていいでしょう。

また「微笑みが作法として身についている」というのは、習慣により養われた日本人の美徳の1つです。ハーンが見た130年余り前よりずっと前から、**笑顔とは、日本人が伝統的に受け継いできた教養であり、作法なのです。**

みなさんも子どものころから、「人に会ったら、笑顔で、大きく明るい声で、挨拶しなさい」「人と話すときは、相手の目を見なさい」などと教えられたと思います。

おかげで、メタ思考がなくとも、微笑みをベースに人間関係を良好にキープする術《すべ》を心得ているはずなのです。

そこは日本人としてぜひ自信を持ってください。

「構文」に気づけば、人間関係はラクになる

快適な人間関係を保つには、相手が何を心地よいと思うのか、不快に思うのかを把握する必要があります。

とりわけ大切なのは、**相手を不快にさせないこと。**

心ない言葉を発したり、相手が嫌がることをしたりすると、一発でレッドカード。

人間関係をつくる前に、関係が終わってしまいます。

メタ思考で「地雷を見抜く」練習をしよう

ですから、せめて〝地雷〟を踏まないよう、相手の感情を読み取れるだけのメタ思考を鍛えなくてはいけません。

その練習になるのが**「人間観察」**です。

親兄弟、友人、知人、会社の上司、同僚、部下……。

さまざまな人の会話や行動、表情などを、

「この人はいま、心地よく感じているのか、不快に思っているのか」

という視点から観察するのです。

その際、参考になるのが、お笑いコンビ・ラランドのサーヤさんによる「お母さんヒス構文」というユーチューブです。

お母さんが論理を飛躍させたり、論点をすり替えたり、ヒステリックになったりすることを**「構文」**と呼んでいます。

たとえば、車の運転中に横から何かを言われると、キレる。

あるいは「今日は外で食べてきたから、夕飯いらない」と言うと、

「じゃあ、せっかくお母さんがつくったものを食べないって言うの？　じゃあ、お母さん

なんかいらないの？　じゃあ、捨てちゃう」と、論理がどんどん飛躍する。ひどい場合は、「お母さんが邪魔だって言うの？　じゃあ、いなくなればいいのね。わかった、お母さんが消えまーす」みたいな言い方をする。


そんな感じです。これが大変な共感を呼び、視聴者からは、

「構文がわかって、お母さんに優しくなれました」

「お母さんのヒステリーを笑って受け止められるようになりました」

「どうすれば怒りをなだめられるか、勉強になりました」

などのコメントがたくさん寄せられています。


お母さんをよくよく観察することで、「キレるのもムリないなあ。ちゃんと理解して対応しなくちゃ」という気持ちになりますよね？

そう思えるのはメタ思考の成果ですし、人間関係の理解が深まるということでもあります。

だから、みなさんも**人間関係に悩んだときは、（お母さんだけではなく）いろんな人の言動を観察しましょう。**

だんだん「こういうときにこうなる」みたいな「構文」がわかってきて、よりスムーズな人間関係の形成に役立てることができると思います。

ネガティブな言い方を「ポジティブ変換」する

たとえば仕事で、「そんなやり方、ダメだよ」「君、やる気あるの?」「わかってないんじゃない?」などのネガティブな指摘は、だいたいの人から嫌われます。

それどころか昨今はこんな発言をしたら、パワハラで訴えられかねません。


この10年で、その辺りの**「気づかい」**がかなり求められるようになってきました。

私も教師として学生たちと接するなかで、「30年前の学生には何の気づかいもせずに言えたことが、ことごとくＮＧになってきた」と感じています。


これはもう、いい・悪いの問題ではありません。

こちらに悪意がなくても、相手の嫌がること、傷つくことを言ってはいけない。

これまで話してきた通り、「洗練された人間関係が求められる」時代ですから、「本音をぶつけ合って人間関係を築く」なんてことはもはや現実的ではないのです。

そこを踏まえて意識していただきたいのは、**ネガティブな言い方を「ポジティブ変換」することです**。

冒頭の例で言うなら、

・やり方がまずいと思ったら、「こういうやり方はどう？　意外といいかもしれないよ。やってみたら？」とすすめる。
・やる気なく見えたら、「今日の進め方は、AとBのどちらがいい？　やりやすい方でいいよ」と聞いてみる。
・わかってないなと感じたら、「ここのところまではいい感じ。この先で、何か質問はある？」と確認する。

このような工夫をしてみるといいでしょう。

ネガティブな言い方を「ポジティブ変換」する

○こういうやり方はどう？
○やりやすい方でいいよ
×そんなやり方、ダメだよ
×君、やる気あるの？

難しく感じるかもしれませんが、これも練習しだいで身につきます。

ついネガティブな言い方をしそうになったら、そんな自分を客観視するメタ思考を働かせて、ポジティブな言葉に言い換えてみてください。

叱るときは「全体に」叱る

人は基本、「快不快」をベースに生きていますから、人前で叱られたり、注意されたり、恥をかかされたりすることを非常に嫌います。

最近は、褒められることですら、「プレッシャーになるからイヤだ」と言う人もいます。

叱られたり、褒められたりするときに生じる「恥ずかしい」「むかつく」「いじける」といった負の感情や、傷つく度合いも、いまは昔より強くなっているのではないでしょうか。

であるならば、相手の気持ちに対して一定の配慮が必要です。

「このくらいのことで落ちこむな」「褒めているのに、何が不満なんだ」などと言ってはいけません。相手が不快に感じたらアウト。人間関係がぎくしゃくしてしまうからです。

絶対にやってはいけないのは、みんなの前で叱る・注意すること。

どうしても直接言う必要があるなら、2人になったときに、相手の性格や顔色を観察しながら、笑顔でさらりと言うといいでしょう。

ここはメタ思考で判断すべきところ。これができないと、怒りが高じて、人格否定までいってしまうことがあります。用心してください。

ベストな叱り方、注意の仕方は、**対象を特定の1人に限定せず、全体への注意事項として伝えること**です。

たとえば入試や定期テストのとき、あらかじめ「カンニングを疑われるような行為はしないよう注意してください。キョロキョロしてはダメですよ」などと言います。

それでもキョロキョロしている人が1人いたとすると、その人にいきなり注意するのではなく、全体に対して、「ほかの人の答案を見ていると疑われるような動きはやめましょう」と言います。

そうすると、ほとんどの人は自分には関係のないことだと、流すことができます。

一方で、万が一キョロキョロしていた当人がカンニングをしようとしていたら、「あ、バレてる」と思い、やめるでしょう。

そのつもりがなくても「あ、自分のことだ」と気づけば、「誤解されたら大変だ」と思い、キョロキョロするのをやめるでしょう。

これが、メタ思考を働かせたベストなやり方です。

そうではなくて、みんなの前で特定の1人を吊《つ》るし上げる感じになると、キョロキョロしていた当人だけではなく、周囲の人も試験に集中しづらくなります。

また名指しされた人が「身に覚えがない」のに、一方的にやったと決めつけられたら、深く傷つきます。

「注意されたことですっかり気持ちが乱れ、試験どころではなくなりました。訴訟を起こします」とならないとも限りません。


仕事や日常生活の場面でも誰かを叱ったり、注意したりするときは、この**「全体を注意する」方法を応用してみてください。**

全体への注意のなかで、本当は注意の矛先を向けたい本人に、非を気づかせるよう工夫するといいかと思います。

メタ思考があれば「ハラスメント」もなくなる

また、いまは「ハラスメント」に厳しい時代です。

これがいわゆる〝昭和の人間〟にはなかなか馴染《なじ》めないかもしれません。

「え、少しからかっただけなのに、アウトなの?」「なんでそれがハラスメント?」などと驚いたり、気詰まりに思ったりする場面も多々あるでしょう。

けれどもジタバタしても、時代は昭和に戻りません。

そもそも人を傷つける言動は、昭和であろうと令和であろうと、等しく罪なこと。

ここはパワハラ・セクハラという言葉もなかった時代を懐かしむのはやめましょう。

それにいまの時代、ハラスメントが訴訟に発展するケースが珍しくありません。

あるいは、SNSで拡散・炎上して、個人どころか組織の評判を著しく落とすケースも多くあります。

人間関係上のミスは、多大なリスクをはらんでいるのです。

ですから個人も組織もその辺をしっかり自覚して、〝うっかりミス〟を防ぐ手立てを講じたほうがいい。

そのためには、**究極の客観知——これまで個人間で起こっていたミスを集積して、分析し、対応をマニュアル化すること**をおすすめします。

これがメタ思考的なハラスメントへの対応です。

その際、**組織全体でデータを収集・分類し、誰が相手であっても当てはめることのできる普遍的なマニュアルにすること**がポイントです。

たとえば「身体的なことは一切話題にしない」とか「オフタイムの行動には一切口をはさまない」「どんなに確かなことでも『絶対』と請け合ってはいけない」「個人の事情に深入りしない」など。

そうしてつくったマニュアルは組織のみんなで共有するとともに、適宜、改定していくといいでしょう。入試の監督マニュアルは毎年改定されています。

一連の作業自体が、頭のなかでメタ思考を働かせるプロセスとそっくりです。

もちろん、メタ思考がなければうまくマニュアルをまとめることもできないでしょう。

マニュアルづくりに積極的に関わることが、ハラスメントをしない自分になるためのトレーニングになりそうです。

メタ思考で1対1の人間関係に強くなる

人間関係でものを言う能力は、「百戦錬磨の経験」により養われるものです。

生身の人間と交流するなかで、いろんな失敗をしながら、経験値を積み上げていくしかないでしょう。

たくさんの人と接しなければ、世の中にはいろんな考え方の人がいることや、人の数だけ性格も考え方も価値観も違うことを、実感として理解できないからです。

「太刀筋」を見切る気持ちで人に接する

1対1のパーソナルな関係性は、通り一遍のマニュアルだけではうまくいきません。個別に異なる対応を加えて、カスタマイズしていく必要があります。

その場合の考え方として有効なのが、剣術で言う、

「相手の太刀筋を見切る」

ということです。

剣豪・宮本武蔵は『五輪書《ごりんのしょ》』で「敵の出方をきっかけにして、状況に応じて応戦していくが、そのすべてが斬《き》ることにつながっていないと意味はない」と言っています。

コミュニケーションに置き換えると、相手の出方に応じて丁々発止《ちょうちょうはっし》、ときにはのらりくらりとやりとりをしながら相手の腹を探り、対応をしていくということです。

相手の真意というのは、ちょっと話しただけではわかりません。何度か言葉のやりとりをするうちに、だんだんわかってくるものです。相手のちょっとした言動から、

「自信がないような言い方をしているのは、同情されたがってるんだな」
「強がっているのは、攻撃をかわすために予防線を張ってるんだな」
「何かとマウントを取ろうとするのは、自信がないことの裏返しだな」

といったように、けっこう〝深読み〟できるようになります。

こんなふうに**「太刀筋」**、つまり**対人関係における相手のクセ**のようなものを見切ると、人と付き合うのがかなりラクになります。

たとえば自慢話が好きな人には、「ああ、また始まった」と、適当に乗せておけばいい。

気難しそうに見える人には、上機嫌になるツボを押さえておけばいい。

怒りっぽくて、説教が長い人には、距離をとればいい。

といった具合。「人付き合いの機微に聡《さと》い」とは、そういうことです。

相手のコンプレックスをメタ思考で見抜け

もっと言えば、クセのなかでもコンプレックスに関わる部分を把握すると、コミュニケーションをよりコントロールしやすくなります。

別の言葉で言うと、**「逆鱗《げきりん》を探せ」**——。

「逆鱗」という言葉は、中国・韓非子《かんぴし》の故事に由来します。

伝説の神獣である龍には81枚の鱗《うろこ》が生えていて、あごの下にある1枚だけが逆さに生えています。

この「逆鱗」に触れられると、龍は怒ってその人を殺すとされています。

人にとって触れられると痛い逆鱗は、多くがコンプレックス。

なかでもアドラーの言う「インフェリオリティ・コンプレックス」——自分が劣っていると感じているものでしょう。

わかりやすく言うと、性格のいい人に「性格、悪いね」と言っても流してもらえますが、本当に性格の悪い人は「図星をさされた」と怒り出す。そんな感じです。

うっかり逆鱗に触れると、間違いなく人間関係は悪化します。

ですからまずは「逆鱗を探せ」。

どこを触るとどんなリアクションを起こすか、細かな表情などを探っていく。

そして逆鱗を突き止めたら、関連する話題は避ける。それが一番です。

自分を褒めれば、相手の褒め方もうまくなる

「褒められてイヤな人」は、基本的にはいません。

褒めることが上手になると、人間関係もうまくいきます。


とはいえ、褒めるところがあればいいけれど、ないと難しい。

「心にもないことを言うな」と怒ったり、「しらじらしいなあ」と苦笑したりする人もいるでしょうからね。


けれども、そんなに心配する必要はありません。

相手を叱ったり、「逆鱗に触れる」わけではないので、ピントはずれの褒め方をされたからといって、面と向かって不機嫌を返されることは少ないはずです。

だから、練習すれば必ず「褒める」のが上手になります。

一番いいのは**「自分を褒める」**こと。

毎日はおろか、日に何度だって、事あるごとに「私ってすごい！」と、自分で自分を褒めてあげるのです。たとえば、

「目覚まし時計が鳴る前に目が覚めた。私ってすごい！」
「食後のスイーツをがまんした。私って意志が強い！」
「今回のプレゼンはうまくいった。構成力がすばらしいね、私！」
「欲しかった服がセールにかかって安く手に入った。鼻が利くね、私！」

というふうに、日常的な「小さな成功譚《たん》」を見つけ、自画自賛を重ねていくイメージです。

この練習を繰り返すうちに、誰にでも、どんな言動にも、〝褒めポイント〟がたくさんあることに気づきます。人に対しても「褒め上手」になっていくでしょう。

自分を褒める練習が、他人を褒める技術を養うことにつながるのです。

また、練習の〝副産物〟と言いますか、**自画自賛力がつくことにより、自己肯定感が上がります。**コンプレックスも小さくなります。

このように「褒める技術」を身につけると、一石三鳥の効果が得られます。

人間関係は「語彙力」が要

メタ思考を働かせる、その要になるのは「言葉の領域」だと思います。

とりわけ重要なのは、豊富な語彙と、そこから的確な言葉を選んで表現する能力です。

語彙力がなければ、物事の詳しい状況や、微妙な気持ちの動きなど、伝えたいことを正確に表現して伝えることはできません。

メタ思考により得た知識や発想だって、語彙力がなければ表現することが難しくなります。

つまり、**メタ思考は語彙力とセットで働かせて初めて、より効果的なコミュニケーションツールになる**、ということです。

SNS時代のいまこそ、本を読み、語彙を蓄えよう

私は、現代人の語彙力について、少し心配しています。

というのも近年は、**「やばい」「すごい」「かわいい」などの言葉が便利に使われすぎているきらいがあるから**です。

「やばい」に至っては、美しいものを見ても「やばい」、おいしいものを食べても「やばい」、驚いても、怖くても、危険を感じても、ラッキーなことがあっても「やばい、やばい、やばい」……たいていのことはこの一言で表現されるほどの便利さです。

日々学生と過ごしている私自身、気がつくと「やばい」と言っていることがあります。

それだけになおさら、「このままでは日本語の日常用語がどんどん減っていくばかりだ」と不安になるのです。

けれども便利に使えることと、正確にして細やかな表現をすることとは、まったく次元の異なる話です。

いかに便利に使えても、こちらの考えや気持ちがちゃんと伝わらなければ、話が噛《か》み合いません。コミュニケーションが成立しないのです。


それに「SNSは短い言葉のやりとりだから、語彙力がなくても問題ない」と思うかもしれませんが、見当違いもいいところ。

現実にSNS上では、しょっちゅう言葉の行き違いや誤解を招く表現によるトラブルが発生しているではありませんか。

言葉が足りなかったり、適切でなかったりすると、炎上騒ぎを起こす危険さえあるのです。

そういう意味では、**SNS時代のいまほど、語彙力が必要とされる時代はない**と言っても過言ではないでしょう。


では、どうすれば語彙力が磨かれるのか。

これはもう**本をたくさん読むことに尽きます。**

当然ながら、本には無数の言葉が積み上げられています。

まさに「語彙の宝の山」。

日常的に馴染みのある言葉に加えて、会話ではあまり使われない多くの言葉や言い回し、ちょっと難しい漢字熟語などがふんだんに用いられています。


知らない言葉が出てきても大丈夫。

文章の流れや漢字から意味を類推することができますし、見当がつかなくても、辞書やネットで調べればすぐに解決します。

だから本を読めば読むほど、「知らなかった言葉」が「知っている言葉」になっていきます。


ただしせっかく覚えた言葉や表現、言い回しも、使わなければすぐに忘れてしまいます。

確実に自分の語彙を増やしていくためには、すぐに使ってみることが重要。

「新しい語彙を仕入れたら、すぐ使う」をモットーに、使える場を求めるといいでしょう。

現代は「自己客観視できる人」がウケる

人間関係をつくるうえで、必ずしもメタ思考が必要というわけではありません。

素朴な人間性があって、「好き勝手やってるわりには愛される」人だっています。


みなさんの周りにもいませんか。

「あの人、わがままだし、いいかげんだし、これっぽっちも人のことを気にしないし、ろくでもないよね。でも何か憎めない」という人が。

こういう人はある意味で天才。

ギフテッドな人で、愛される運命を持って生まれてきたと思えます。


一言で言えば「誰に対しても率直で、計算高くない。だから愛される」という図式ですが、これが簡単なようでいて難しい。

大半の人はマネできないので、メタ思考はできたほうがいい、ということになります。

ここでは漫才を例に、人間関係において評価されるメタ思考を考えてみましょう。

「ボケとツッコミ」をメタ思考から考える

漫才コンビには多くの場合、「ボケとツッコミ」という役割分担があります。

「ボケ」はいま言った〝天才キャラ〟に相当するでしょう。

たとえば錦鯉の長谷川雅紀さんは、控え室やメイク室でお話ししたことがありますが、テレビに映るまんまの人。

気取ったところも、腹に一物《いちもつ》ある感じも、気負いも、性格的なゆがみもなく、「誰もが愛さずにはいられない」キャラクターが魅力です。メタ思考力を意識しないタイプです。

一方、相方の渡辺隆さんはメタ思考力を駆使するタイプ。

現状認識と状況把握に長《た》けています。

だから「声が大きいんだよ」みたいな単純なツッコミでも、妙にはまるのでしょう。
メタ思考的でない雅紀さんと組み合わさったとき、これがすごくいい感じになります。

漫才には、「メタ思考的でない人が人間的な魅力を発散し、メタ思考力のあるツッコミが、ボケが暴走しないようコントロールする」ことから生じる妙味があるわけです。

このボケとツッコミのバランスは、私たちの人間関係全般に応用できます。

「自分にはメタ思考力があるけれど、人間的なおもしろみに欠ける」というツッコミタイプの人は、素材としておもしろい人とコンビになって行動する。

逆に、「自分は好かれるほうだけれど、軽率な行動をとってしまうことが多い」ようなボケタイプの人は、メタ思考のできる人とコンビになって行動する。

このように、**ボケとツッコミを意識した人間関係をつくっていく**ことも、互いの足らざるを補う感じで、いいのではないでしょうか。

また、最近は芸人だけではなく、**観客のほうも〝メタな笑い〟を求める傾向があります。**

芸人がお笑いを分析する本が売れていたり、テレビのトーク番組やユーチューブでは、芸人がお笑いを分析的に語るのを聞きたいというニーズが高まっているそうです。

芸人がファンともども、メタ思考の競い合いを楽しむ構図が、そこにあるように思います。まさに、現代は「メタ思考的な世界観」になっていっているのです。

第5章

メタ思考でメンタルはこう変わる！

メタ思考はメンタルの余裕を生み出す

本章では、メタ思考を身につけることで、あなたのメンタル面――心の健康がどのように保たれるかについて、お話ししたいと思います。

まず大前提として、**メタ思考はメンタルの圧倒的余裕を生み出してくれます。**

メタ思考ができると、心に余裕が生まれます。

なぜなら、自分がどういう状況に置かれているかを理解し、自身の言動をコントロールすることが可能になるからです。

たとえ人間関係がごちゃごちゃしていても、〝外野の声〟に振り回されず、落ち着いて発言したり、行動したりできるのです。

心のザワザワが減り、メンタルが安定する、それもメタ思考の大きなメリットの1つと言えるでしょう。

「メタ思考している自分」を意識しよう

脳と心――言い換えれば思考とメンタルは、密接に関係しているとされています。だとしたら「メタ思考がメンタルの余裕を生み出す」のも、理にかなったことです。

問題は、人間関係におけるメタ思考は、ときに気持ちを神経質にする方向に働くことです。自分の置かれている状況がわかるだけに、周囲に過剰に気をつかってしまうからでしょう。

また、考えがくるくると回転するスピードが速すぎるために、頭が疲れてしまう場合があります。いわゆる〝**思考疲れ**〟ですね。

仕事でも何でも、脳が疲れればパフォーマンスが落ちます。それで「自分はダメだ」と〝自己否定モード〟に入り、メンタルが不安定になるのです。

それではせっかくのメタ思考も無用の長物となるので、意識的にメタ思考とメンタルの余裕をつなげる回路をつくったほうがいい。

方法はそんなに難しいことではありません。

次のように、自分に言い聞かせてみてください。


「自分には、自分を含む人間関係がしっかり見えているから大丈夫。周囲に気をつかうのもほどほどに。おおらかな気持ちで接すればいい」


繰り返すうちに、メタ思考とメンタルの余裕をつなげる回路が〝開通〟します。

それにより「メタ思考をする→メンタルが落ち着く」といういい習慣ができるでしょう。

メタ思考が「ワザとしての上機嫌」を支える

メンタルが安定していると、気分のムラが少なくなります。

機嫌のいいとき・悪いときがなくなり、いつも上機嫌でいられるのです。

なぜ上機嫌でいることがいいかと言うと、何より自分が気持ちよく日々を送れるからです。晴れやかな気分で、いろんなことに前向きに取り組めます。

また、周りの人に好印象を与えるから、人付き合いがうまくいきます。誰だって、機嫌の悪い人には近づきたくないですからね。

つまり上機嫌でいるほうが、何かとお得なのです。

ただし、それだけで常に上機嫌を保つのは難しいでしょう。

だから私は、状態にかかわらず上機嫌を保つテクニック、つまり「上機嫌力」、あるいは、「ワザとしての上機嫌」が身についていることが重要だと思います。

じつは、この「ワザとしての上機嫌」を支えるのが、メタ思考なのです。

機嫌というのはきわめて情緒的な問題で、思考が気分や感情にひきずられそうな感じがしますが、じつは逆なのです。

思考が基盤になって、機嫌がつくられます。

マイナスのこと・暗いことを考えれば機嫌は悪くなり、プラスのこと・明るいことを考

メタ思考が「ワザとしての上機嫌」を支える

えれば機嫌がよくなる。そういう関係にあります。

もうおわかりと思いますが、メタ思考は感情をともなうふつうの思考ではありません。あるがままの現実を直視し、理解したうえで、そこから自分をひきはがして物事を考える、言うなれば「現実に呑みこまれない思考」です。だから機嫌が左右されることはないのです。「ワザとしての上機嫌は、メタ思考が支える」とは、そういうことです。

この**「上機嫌力」が身につくと、公正な人格が養われます。**

状況判断が的確なので、気分や感情に左右されて判断を誤ることがないからです。

しかもいつも上機嫌で、偉ぶるところがないので、人から嫌われることもありません。

ただし、上機嫌がいきすぎて、絶好調でいい気になっていると、足元をすくわれやすい時代でもあるので、上機嫌を〝独り歩き〟させないよう気をつけてください。

いまの時代、みんなのメタ思考力が上がってきていることもあって、偉そうな人は間違いなく嫌われます。

威張っている人は「まるで裸の王様だな。状況が全然見えていない」と見抜かれてしまうのです。

そのバランスを取るのもまた、メタ思考。

メタ思考に支えられたワザであればこそ、上機嫌は自分にとっても、周囲にとっても美徳となりうるのです。

メタ思考があれば「バカみたいに大胆な行動」もとれる

メタ思考のデメリットの1つに、周りの様子をうかがいすぎて、積極的に行動しづらくなることがあります。

これは、メタ思考回路が〝様子見メンタル〟につながっているせい。エネルギーの出力を抑えすぎてしまうのです。

ときには周囲の思惑など意に介さず、「バカになる」ことも必要でしょう。

……なんてことを言うと、メタ思考のできる知的な人は、「バカだと思われるのはイヤだ」と反発するでしょうか。

いいじゃあないですか、本物のバカではないのですから。

それに**「バカだなあ」と周囲からいぶかられるような人が、世の中を動かす大事業をやってのけることはよくあります。**

実業家のイーロン・マスク氏は、その代表格でしょう。

2025年、第2次トランプ政権下で特別政府職員となったことで話題になりました。スケールの大きさから、常識的な人間としては「この人、大丈夫?」と首を傾《かし》げるような言動も目立ちます。

たとえばマスク氏は、人類が20年後に火星に移住することを目指し、「スペースX」なる宇宙ベンチャーを手がけています。

極寒で大気の薄い火星で、人類は生きていけるのか。何とも飛んでる発想ながら、そのプロジェクトは現実に動き出しています。

あるチームは小型のドーム型居住施設を設計し、あるチームは厳しい寒さに耐えうる宇宙服を開発し、また医療チームは火星で子どもを産むことが可能かどうかを研究する、といった具合。

ニュースが流れるたびに、火星移住が現実味を帯びてきたようで、もう誰も彼の言動を「バカげている」とは思いません。

国内に目を向ければ、田中角栄さんが大言壮語してはばからない政治家でした。「日本列島改造論」を打ち立てて、周囲が「何をバカなことを……」とあきれるのを横目に、上越新幹線を走らせました。

その新幹線がいま、北陸にまで伸びているのですから、「すごい」の一言です。

例としては大きすぎるかもしれませんが、一見バカに思える発想があると、事が動き出すのは確か。

メタ思考を働かせる一方で、ときには「バカになる」ことも必要です。

「どこまでいけるか」がわかれば、ギリギリまで攻めることもできます。

それは、メタ思考をさらに上まで突き抜ける〝スーパー・メタ思考〟でもあるのです。

メタ思考で「自己肯定感」も高まる

思考は感情とセットで考えたほうがいい。私はそう考えています。

後ろ向きのことを考えているのに、「気分は爽快！　やる気満々！」なんてことはありえませんからね。

逆に思考は前向きなのに、感情のほうは鬱っぽいということもあまり考えられません。

であるならば、常にプラスのことを考えているほうが、気持ちは前向きになるし、ハッピーな気分でいられるではありませんか。

世にプラス思考が推奨されるのは、感情面でのメリットを踏まえてのことでしょう。

メタ思考も同じです。冷静に状況判断するなかで、マイナスな思考や、他者に対して否定的な思考が入る場合もあります。

そうなると、心が自己否定と他者否定の両方に苦しめられることになりかねません。自分を過剰に肯定しようとして、他者否定に走ることもありますし。


そうならないようにするには、**「自己肯定感をもとに、メタ思考を働かせる」**ことが重要です。

メタ思考を鍛えるのであれば、マイナス思考をしても意味がないということを覚えておいてください。

「ムダな堂々巡り」がなくなっていく

繰り返しますが、メタ思考は前に進むエネルギーになるものです。

わかりやすく言えば「反省会をするくらいだったら、次の企画会議にしようね」という感じ。

できなかったことについてはクヨクヨと引きずらず、前に進むためにどうしようかを考えるものです。

そもそも「覆水盆《ふくすい》に返らず」で、過去に起きたことは「なかったこと」にはできません。いかにメタ思考を働かせて、ああでもない、こうでもないと考えたところで、いいことは何もない。「メタ思考のふりをした堂々巡り」に陥るだけです。

むしろ、

「考えてもしょうがないこと・考えなくてもいいことは考えない」

と判断できることこそが、メタ思考のよさと言えます。

大谷翔平選手のすごさは、思考を整理して、次の行動につなげる思考の推進力にあります。打席に立って7割方打てないからって、立ち止まっていません。少し反省するにしても、思考はすぐに次の打席に向かっているはずです。

肘を故障しても、「手術しよう」「リハビリをがんばろう」「今シーズンは指名打者でいこう」「積極的に盗塁を狙っていこう」と、思考をどんどん前に進めています。

彼は彼流のメタ思考として、「次に考えるべきことを設定すると、マイナス思考から抜け出すことができる。それが自己肯定感につながるんだよ」と、私たちに教えてくれているようです。

1人で悩むのをやめる

このようにメタ思考を前に進む力と捉えると、「1人で悩んでいる時間」がもったいなく思えてくるのでは？

それでも悩みの穴から抜け出せないようなら、せめて**1人で悩むのをやめましょう。**

「1人で悩む」というのは、思考が進まないし、気分も下がってくることが多いので、危険なのです。

人と対話しながら進めていくほうが、ストレスがたまりにくく、思考も進みます。

ですから、**心のなかにモヤモヤがあるなら、誰かに吐き出すといいでしょう。**

悩みというのは1人で考えるから長引くのであって、誰かに吐き出せば意外と短時間で解消できることが多いのです。

悩みを聞いてもらう方法は、おもに2つあります。

1つは、**お金を払って、相談に乗ってもらうこと。**

プロのカウンセラーなどに話を聞いてもらう方法もあります。メンタルの不調は、専門家への相談が効果的な場合があります。

あるいは、友だちに「コーヒー1杯おごるから、30分、自分のグチを聞いてほしい」と頼む。その程度のことで、かなり悩む時間を短縮化することができます。

「グチをこぼすのはみっともない」という考えの人もいるでしょうけど、私はそうは思いません。グチをがまんするのは、兼好法師《けんこう》が『徒然草』のなかで「腹ふくるるわざ」と言っているように、精神衛生上よろしくないと思うのです。

互いの悩みをグチにして聞き合う、それが友だちというものでしょう。

もう1つ、お金がかからない方法。

仏壇あるいはご先祖様の写真や位牌《いはい》などに向かって、**問わず語りにこちらの胸の内を吐露すること**です。

相手は見えないが、1人ではない。身内に守られている感がある。そこがミソです。「死人に口なし」ですから、こちらの悩みをうっかり暴露される心配もありません。ご先祖様が遠い存在なら、人形やぬいぐるみ相手でもいいでしょう。

あと、今風に**ChatGPTを使う手もあります。**以前、学生に「ChatGPTを活用して、何かやってください」という課題を出したところ、「恋愛相談をしてみました」と言う学生がいて、「けっこうすっきりします」と言っていました。

相手は人間ではなく、優等生タイプの機械なので、気楽に相談できそう。

ただし回答は参考に留めて、鵜呑《うの》みにしないよう気をつけてください。

AIは自身の発言に責任を負うことはできないので。

ChatGPTは使いよう。ちょっとした話し相手になるという点で、気晴らしには使えるかと思います。

「完璧主義」もメタ思考で解決！

自分の仕事や日常をメタ的な視点で見ると、どうしたってアラが見えます。

いわゆる**「完璧主義」**の人は、そうしたアラを１つずつつぶして、１００点満点の出来にしないではいられないかもしれません。

けれども、そこまでの完璧さを求めなければならないことは、そう多くはないような気がします。

むしろ完璧主義によりスピードが損なわれたり、行動力が減退したりすることのデメリットのほうが大きいと思うのです。

スピード重視で「ポジティブ・メタ思考」

私自身はたくさんの本を出してきましたが、完璧を目指してはいません。出来としては60点、70点でOK。ある程度のクオリティを確保できていると信じて次へいきます。

もちろん「ここはもう少し表現を練ったほうがいいかな」「漢字よりひらがなにしたほうがいいかな」「改行を多くしたほうがいいかな」など、気になるところがまったくないわけではありません。

でも、いちいち修正して、また見直して修正して、とやっていると、いくら時間があっても足りません。本の刊行が年単位で遅れることだってありえます。

そこに時間をかけるより、**6〜7割を合格ラインとして、次にいくほうが生産的な仕事ができる**ように思うのです。

それに、学力や運動能力、技術レベルのテストなどでわかるように、40点を65点、70点に、60点を80点にするのは比較的簡単です。

ところが85点以上になると、そこまでとは比べものにならないくらい大変な努力と時間を要するものです。95点以上を目指せば、スピード感が完全に失われます。

といったことを考えると、人の命に関わるなど、完璧を期すことが求められるものは別にして、たいがいの仕事や作業は、

「現時点で6～7割の出来で満足するほうが、2年後の完璧を目指すよりいい」

と私は考えています。

スピーディに仕上げて次に挑む、その繰り返しがあってこそ、新しい世界が広がっていくと思うのです。

どうも現代人は、**「ネガティブ・メタ思考」**と言いますか、メタ思考を「慎重に行動する」方向で働かせがちです。

「完璧主義」と言うと聞こえはいいけれど、単に行動力がないという見方もできます。

行政のなかには、ネガティブ・メタ思考だと感じるものも多くあります。

年金問題とか少子高齢化対策、金融対策など、現在山積しているどの課題をとっても、

「もう20年、30年前から、行き詰まるとわかっていた問題」ばかり。慎重になるあまり、対応が遅すぎて、問題は深刻化する一方です。「失われた30年」ではなく、「スピード感なく、行動しなかった30年」とさえ感じます。

遅い行政を反面教師に、仕事や作業の出来をメタ視点で見るときは、意識して〝アラ探し〟を控えめにして、スピードを重視するといい。

名づけるなら**「ポジティブ・メタ思考」**、これでいきましょう。

そもそも行動がともなわなければ、結果は出ません。ああでもない、こうでもないと完璧を目指しても、ぐずぐずと完成を先延ばしにするようではしょうがない。

「来た球は打つ」みたいな感覚で、オファーがあったらどんどん引き受け、6、7割の仕上がりでヨシとして次にいくスタイルをおすすめします。

「根拠なきポジティブ」に要注意

ただし、ポジティブであればいい、というわけではありません。

現実を無視して、根拠なく「自分ならできる」と思いこみ、半ば妄想状態で前に進むのは危険。やがて現実とのズレに苦しめられることになります。

同じポジティブでも、こちらはいわば**「根拠なきポジティブ病」**。

メンタルが弱っているときにかかりやすいものです。

本当は自分に自信がないのに、「自分、最高！　絶好調！」などと言い続け、自分の実力が低いことや、現状に適応する能力に欠けていることなどをごまかしてしまうのです。

そんな「根拠なきポジティブ病」にかかると、どうなるか。中島敦《あつし》の『山月記《さんげつき》』を読むと、いかに悲惨な結末を迎えるかがよくわかります。

「舞台は唐王朝時代の中国。主人公の李徴《りちょう》は故郷きっての俊才で、若くして超難関の官僚登用試験・科挙に合格しました。しかしプライドが高く、下積みのような仕事をさせられることを嫌い、周囲にも馴染めず、あっさりと役人を辞めたのでした。

そんな李徴が目指したのは詩人になることでした。しかし、なかなか名を成すことができず、再び小役人になるも、屈辱に耐えきれずに発狂。山へ消え、人虎に化してしまいます。

一方、旧友の袁傪《えんさん》は高位の役人になり、ある日、山中で虎になった李徴に出会い……」

というふうに物語は展開するのですが、虎の姿をした李徴は、現実を見ないために生じた無用の自尊心の象徴です。〝百獣の王願望の化身〟とも言えます。

現実に虎になることはないにしても、現実から目をそらして、全能感を持つことで自尊心を保とうとするようなことは、誰にでも起こる可能性があります。

だから『山月記』を読むと、メンタルが弱って「根拠なきポジティブ病」にかかったかもしれない自分の悲劇を、李徴が代わって演じてくれているようにも思えます。

現実をしっかりと見据えて、メタ思考に妄想が入りこまないように注意してください。

メタ思考が健全に働いている限り、わが身が「根拠なきポジティブ病」に冒されることはありません。

メタ思考でストレスから自由になる

ストレスというのは多くの場合、いま直面している現実により引き起こされます。たとえば仕事に関するストレスには、忙しいことによる心身の疲れや、思うように成果があがらないことに対する苦しさ、人間関係がうまくいかないことに起因するつらさなどがあげられます。

目の前の状況しか見ることができないと、こういうストレス症状に苦しめられるし、ストレスを過剰に感じれば感じるほど、視野もどんどん狭くなっていきます。

この悪循環から脱するには、**「現実を見る視点を広げる」**ことがポイントになります。

視野が広がり、長期的視点が得られる

人間は目先の利益に飛びつきがち。「1年後の10万円より、目の前の1万円が欲しい」ところがあります。

ムリもないことですが、メタ的にはいただけません。

時間軸が短すぎると視野が狭くなり、判断を誤ることが多々生じるからです。

たとえば仕事に不満がある場合、先の李徴のように、すぐに辞めるのは考えものです。「自分のやりたいことができそうだ」とか「成果しだいで給料が増えそうだ」といった目先の利益につられて転職しても、「こんなはずじゃあなかった」となりかねません。

結果的に、やりたい仕事よりやりたくない仕事が増えた、期待したほど給料は上がらなかった、なんてことになる人も多いのです。

なかには転職を重ねて、年収が上がる人、上手にキャリアアップにつなげていく人もいます。そういう人はおそらく、目先の利益はさておき、「生涯のキャリアプランを考えた場

合、ここで転職するのは是か非か」という長期的かつ冷静な視点を持ってメタ思考し、判断しているのではないでしょうか。

安易に転職せず、いまいる場所で基礎体力を養う。と同時に、多少の不満があっても、どうすればそれを成長の糧にできるかを考える。

そういうメタ思考で仕事をすることが、結果的に自身の成長と生涯年収を伸ばすことにつながるかと思います。

もちろんメタ的に見て、「どう考えても、いまの仕事、会社に未来はない」と判断できるなら、転職してもOKです。

仕事だけではなく、**生き方全般にも、長期的視点を持つことは重要です。**

たとえば結婚。昨今は、なかなか結婚に踏み切れない若い男女が増えているようです。

理由は人それぞれでしょうけど、結婚によって生じるストレスを考えて、逡巡《しゅんじゅん》する人が少なくないように見受けます。わかりやすく言うと、

「結婚したら、1人の時間も、1人で使えるお金も奪われる」

ことへのストレスです。

これまで独身時代を楽しんできた身にすれば、そんな〝目先の不利益〟が気になるのかもしれません。

けれども長期的な視点に立つと、結婚が違ったふうに見えてきます。

「ずっと1人でいるのは寂しいな。それに何かあったとき、家族がいたほうが心強い。喜びも悲しみも悩みも共有できる家族をつくる方向に人生の舵《かじ》を切るのもいいな」

そう思って、あんまり難しく考えすぎずに、長期的視点から結婚に人生の充実感を積極的に求めるのもいいでしょう。

結婚するか、しないかは個人の自由ですが、あんまり短期的に考えず、「長期的に構えるメタ思考」で判断するのも1つの方法かと思います。

ようするに私が言いたいのは、**「新たな行動に打って出るか出ないかは、長期的視点に立ったメタ思考をもとに判断しましょう」**ということです。

「公」の視点を持つと、心がラクになる

強いストレスを感じると、意識が自分の感情にフォーカスしてしまう傾向があります。自分だけが苦しい思いをしているような、自分だけがつらい思いをさせられているような、そんな被害者意識がわいてくる場合もあるでしょう。

そういうときは**「私」を外に置き、「公」の視点で物事を考えてみると、意外とラクになります。**

自己実現ではなく他者実現――簡単に言えば「世のため、人のために生きる」ことを視野に入れて、**自分の人生をメタ思考する**のです。

他者のために力を尽くすのは、自分のためにがんばるより、むしろ幸福感が大きいのではないでしょうか。

たとえば吉田松陰は、まさに公のために生きた人物です。

なにしろ志が「欧米の脅威から日本の独立を守る」と大きい。

後世の私たちが松陰の人生をなぞると、「わずか30年の生涯で、後進を指導することはもとより、日本中を旅する、ムチャなことをしては獄中生活を強いられる、膨大な数の記録や手紙を残す」といった具合で、想像もつかないくらい大変な人生だと感じます。

が、本人はおおむね元気に、気分よく生きていた様子。そのようにメンタルを保てたのは、胸に渦巻く憤りや怒りが公に向かっていたからでしょう。

逆に言えば、**人は私憤で動くから疲れる**、という部分があるように思います。

志がなく、目先の利益や私利私欲にとらわれると、判断を間違えたり、疲れ切ったりしやすいのです。

ここは、難しいけれど、公益の視点を入れたメタ思考を心がけたいところです。

思考の訓練としていいのは、たとえば税金を「取られる」という感覚を改めること。

もともと税金は「納税」――「納める」ものですし、国に「捧げる」と捉えられます。

実際、自分の納めた税金は「世の中をよくするために役立っている」はずですから、「納税＝社会貢献」ですよね？　その流れで、「収入が増えれば増えるほど、納税額も増えて、世の中をよりよくする手助けができるじゃないか。Ｖｉｖａ累進課税！」

と考えると、より視野が広がります。

しかも「社会に貢献した」という、ちょっとした達成感も得られます。税金のムダ使いに対する意識も高くなります。

何より、視野狭窄《きょうさく》に陥ってストレスをためこむ度合いが小さくなります。

限界を自覚したら、即対応！

本章の最後に、もしあなたがメンタル面でいま、「もういっぱい、いっぱいだ」と感じているなら、伝えたいことがあります。

それは、**限界を自覚しているうちはメタ思考がまだ機能している**、ということです。

その〝限界感〟を「メンタル崩壊一歩手前を知らせる赤信号」だと認識し、まずは冷静になることが大事。

そうすれば、メタ思考がちゃんと働くようになります。

そのうえで、少し休むなり、仕事をスローダウンさせるなり、何らかの対策を打てば大丈夫。ストレスが軽減され、鬱病になるなどのリスクは小さくなります。

最悪なのは〝限界感〟を察知したのに、「まだ大丈夫だ、まだ大丈夫だ」と突っ走ってしまうことです。

そんなふうでは、赤信号を無視して交通事故を起こすようなもの。心身が大変なダメージを受けることになります。

そのダメージが大きくなればなるほど、回復するまでに時間がかかります。それで療養が長期におよぶと、今度は働く気がなくなっていくという問題も生じます。

近年は「1年休んで、1日出社して、また年単位で休んじゃう」人も少なからずいて、職場でも困っているという話をよく耳にします。

ですから身体的にもメンタル的にも「ちょっときついな」と感じたら、早めに手を打つのがベストです。

冷静にメタ思考を働かせれば、たとえば、

「ここでがんばり続けるより、3日ほど休んで心身をリフレッシュしたほうがパフォーマンスは上がる」とか、

「1人でがんばり続けるのはもう限界だから、上司や同僚に相談して、仕事の割り振りを変えてもらおう」

など、ストレスを軽減していくことが可能です。

病気と同じで、ストレスも「早期発見、早期対策」が鉄則。

疲れによりメタ思考が働かなくなるようなことも防げるはずです。

おわりに――人間は「好きなこと」なら考え続けられる

ここまで、メタ思考とは何か、どうすれば身につくか、具体的にどう役立つかについて、思うところを述べてきました。

最後に、メタ思考を発揮し続けるためのヒントを1つ、お話しします。

それは**「自分の好きなことについて、考え続けよ！」**ということです。

このことがよくわかるのは、学校の授業です。

たとえば中学校の数学の授業で、「この問題について、考えてください。時間は10分。はい、スタート」と言われたとします。

はたして10分間も、考えていられますか？

私の経験では、大半の生徒がせいぜい2、3分考えて、あとの時間は何となくぼんやりしています。あるいは、ほかのことを考えている、という感じ。

ほとんど〝白昼夢の世界〟に迷いこんでしまっている印象です。

なぜそうなるか。答えは簡単。

多くの生徒は、数学に興味・関心が薄いから。

つまり、これは最初から「考え続けることのできない問題」なのです。

だから先生は、問題を出す前に、生徒の数学に対する興味・関心を喚起させることから始めなければなりません。


これは大人も同じです。

興味・関心抜きに、考える能力を取り出すのは不可能です。

「考え続けるという〝頭の粘り〟ができるかどうかは、興味・関心のあるテーマかどうかによる」ということです。


考えて意味のあることとないことを、メタ思考で分けるのも大切です。

これと近いことを、ヴィトゲンシュタインという哲学者は著書『論理哲学論考』のなかで、こう言っています。

「語ることができないことについては、沈黙するしかない」

（『論理哲学論考』光文社古典新訳文庫）


そうして彼は、従来の哲学を、「神とか魂、真理など、決して解けない問題をもてあそんできたに過ぎない」と、ばっさり切り捨てたのです。

「ちゃんと考えることのできる問題を解きましょう」というわけです。


意味のある問いを立てて、考え続ける習慣が生産性の決め手です。

好きなことなら、無理なく考え続けられる。

これは「メタ思考」も同じ。

本書では「メタ思考は行動とセットでないと意味がない」「当事者意識のないメタ思考はダメ！」と述べてきました。

しかし、そもそも**「好きなことを考えている」ときには、そんなポイントを意識しなくても、自ずとメタ思考が働く**のです。

自分が本当に興味・関心を持てることは何か。
「いまいち、わからない」なんて人は、それこそメタ思考を働かせて、客観的・俯瞰的に一度考えてみるのもいいでしょう。

本書を手助けに、ぜひとも本当のメタ思考を手に入れてください。
いまを、これからを力強く生き抜くうえで、〝頼れる武器〟になるはずです。

2025年2月

齋藤孝

【著者紹介】

齋藤　孝（さいとう・たかし）

◉——1960年静岡県生まれ。明治大学文学部教授。東京大学法学部卒。同大学院教育学研究科博士課程を経て現職。専門は教育学、身体論、コミュニケーション論。『身体感覚を取り戻す』（NHK出版）で新潮学芸賞。日本語ブームをつくった『声に出して読みたい日本語』（草思社）で毎日出版文化賞特別賞。

◉——著書に『大人の語彙力ノート』（SBクリエイティブ）、『思考中毒になる！』（幻冬舎新書）、『本当に頭のいい人がやっている思考習慣100』（宝島社新書）など多数。著者累計発行部数は、1000万部を超える。テレビ出演多数。

すごいメタ思考《しこう》

2025年3月17日　　第1刷発行

著　者——齋藤　孝

発行者——齊藤　龍男

発行所——株式会社かんき出版

東京都千代田区麴町4-1-4 西脇ビル　〒102-0083

電話　営業部：03(3262)8011㈹　編集部：03(3262)8012㈹

FAX　03(3234)4421　　振替　00100-2-62304

https://kanki-pub.co.jp/

印刷所——ベクトル印刷株式会社

乱丁・落丁本はお取り替えいたします。購入した書店名を明記して、小社へお送りください。
ただし、古書店で購入された場合は、お取り替えできません。
本書の一部・もしくは全部の無断転載・複製複写、デジタルデータ化、放送、データ配信などをすることは、法律で認められた場合を除いて、著作権の侵害となります。
©Takashi Saito 2025 Printed in JAPAN
ISBN978-4-7612-7797-0 C0030